직업으로서의 정치

**Politik als Beruf**

MAX WEBER

# 직업으로서의 정치

막스 베버 지음 | 이상률 옮김

문예출판사

## 차 례

### 직업으로서의 정치
7

### 부록

### 가치자유와 책임윤리
: 막스 베버에게서의 학문과 정치의 관계에 대하여

볼프강 슐룩터

117

### 옮긴이의 말
203

**일러두기**
1. 옮긴이 주는 각주로 처리했으며 1, 2, 3…과 같이 표기했습니다.
2. 본문 중 〔 〕는 독자의 이해를 돕기 위해 옮긴이가 추가한 것입니다.
3. 원주는 후주로 처리했으며 1), 2), 3)…과 같이 표기했습니다.

직업으로서의
정치

여러분의 요구에 따라 해야 하는 이 강연은 여러모로 여러분을 반드시 실망시킬 것입니다. 직업으로서의 정치라고 하니까, 여러분은 내가 현실의 시사문제에 대해 어떤 태도결정〔입장표명〕을 해주기를 부지불식간에 기대할 것입니다. 그러나 그것은 마지막에 가서〔인간의〕생활영위(生活營爲) 전체 속에서 정치행위가 지니는 의의가 무엇이냐는 물음을 제기할 때, 겨우 형식적으로 행해질 것입니다. 한편 오늘 강연에서는 **어떤** 정치를 행**해야 하는**가, 다시 말해서 정치행위에 어떤 **내용**을 주**어야 하는**가와 관련된 모든 문제는 완전히 제쳐놓을 것입니다. 왜냐하면 그것은 직업으로서의 정치란 무엇이며 또 무엇을 의미할 수 있는가라는 일반적인 문제와는 아무 관련이 없기 때문입니다. 그러면 이제 본론으로 들어갑시다.

정치란 과연 무엇을 의미합니까? 이 개념은 대단히 광범위해서 갖가지 종류의 자주적인 **지도**(指導)활동 모두를 포괄합니다. 사람들은 은행들의 외환정책, 국립은행의 어음할인정책, 파업중에 있는 노동조합의 정책에 대해〔정치라고〕말합니다만, 도시나 마을의 자치단체가 행하는 학교정책, 어떤 단체의 장(長)이 이끌어나가는 정책, 그리고 마침내는 자기 남편을 조종하려고 하는 영리한 아내의 정책에 대해서도〔정치라고〕말할 수 있습니다. 물론 그처럼 폭넓은 개념이 오늘 저녁 우리가 깊이 생각해보려는 것의 기초가 되지는 않습니다. 오늘은 그것을 다음과 같이, 즉 어떤 **정치**단체 —오늘날에는 곧 국가입니다만— 의 지도 또는 그 지도에 미치는 영향으로만 이해하고자 합니다.

그러나 사회학적 고찰의 관점에서 보면, '정치(politischer)' 단체란 과연 무엇입니까? '국가(Staat)' 란 무엇입니까? 이 정치단체는 그것이 행하는 일의 내용으로는 사회학적으로 정의될 수 없습니다. 정치단체가 때때로 다루지 않았던 과제는 거의 없으며, 또 한편으로도 사람들이 정치단체라고, 즉 오늘날에는 국가라고 부르는 그러한 단체에게, 아니면 역사적으로 근대국가의 선조(先祖)였던 그러한 단체에게 언제나 더욱이 항상 **독점적으로** 고유(固有)하였다고 말할 수 있는 과제도 역시 없기 때문입니다. 오히려 근대국가는 사회학적으로는 결국 모든 정치단체와 근대국가에게 특유한 하나의 특별한 **수단**, 즉 물리적 강제력을 근거로 해서만 정의될 수 있습니다. "모든 국가는 폭력에 기초를 두고 있다"라고 트로츠키[1]는 전에 브레스트-리토브스크(Brest-Litowsk)[2]에서 말했습니다. 이 말은 사실 옳습니다. 만일 수단으로서의 강제력을 모르는 사회

---

1 레온 트로츠키(Leon Trotzkij(Trotky), 1879~1940) : 러시아의 혁명지도자. 본명은 Lev Davydovich Bronstein. 영구혁명론(永久革命論)이 그의 혁명이론의 근간(根幹)이다.
2 구(舊)폴란드왕국의 한 도시. 1918년 3월 3일 소련과 독일, 오스트리아-헝가리 제국, 불가리아, 터키 사이에 평화조약이 체결된 곳이다.

조직들만 존재하였다면, **그 경우** '국가'라는 개념은 없어졌을 것이며, **그렇게 되면** 사람들이 말의 그 특수한 의미에서 '무정부(Anarchie)'라고 부를 만한 것이 일어났을 것입니다. 강제력이 물론 국가의 정상적인 또는 유일한 수단은 아닙니다. 그렇게 말하는 사람은 아무도 없습니다. 하지만 강제력이 국가에 특유한 수단인 것만은 분명합니다. 바로 오늘날에는 국가와 강제력의 관계가 특히 밀접합니다. 과거에는 — 씨족을 필두로 해서 — 극히 다양한 단체들이 물리적인 강제력을 〔권력의〕 완전히 정상적인 수단으로 알고 있었습니다. 이에 반해 오늘날에는 다음과 같이 말하지 않을 수 없습니다. 즉 국가란 일정한 영토 — 이것, 즉 이 '영토'가 〔국가라는 개념의〕 특징 중의 하나입니다만 — 안에서 **정당한 물리적 강제력의 독점**을 자신에게 (성공적으로) 요구하는 인간공동체입니다. 왜냐하면 사람들이 모든 다른 단체나 개인에게 물리적인 강제력을 인정하는 것은 **국가** 자신이 그것을 허용하는 범위 내에서만이라는 것, 즉 국가가 강제력에의 '권리'의 유일한 원천으로 간주되고 있다는 것이 현대의 특징이기 때문입니다.

그러므로 우리에게 있어 '정치'란 국가들 사이에서건 아니면 국가 내에서 국가가 둘러싸고 있는 인간집단들 사이에서건 간에, 권력에 관여하고자 하는 노력 또는 권력분배에 영향을 미치고자 하는 노력을 뜻할 것입니다.

이것이 일상적인 용어사용과도 본질적으로 일치합니다. 사람들이 어떤 문제에 대해 그것을 '정치' 문제라고 말할 때, 어떤 각료나 관료에 대해 그를 '정치' 관료라고 말할 때, 또 어떤 결정에 대해 그것은 '정치에 의해서' 이루어졌다고 말할 때, 그 말은 항상 다음과 같은 것을 의미합니다. 즉 권력분배, 권력유지 혹은 권력이동에 대한 이해관계가 그 문제에 대한 대답에 결정적이거나 그 결정을 제약하고 있다는 것이며, 또는 해당(該當) 관리의 활동범위를 규정하고 있다는 것입니다. 정치를 하는 사람은 권력을 추구합니다. 이 경우 다른 목적(이상적이거나 이기적인)을 수단으로서 권력을 추구하거나, 아니면 '그 자체를 위해서', 즉 권력이 주는 위세감(威勢感)을 즐기기 위해 권력을 추구하거나 그 둘 중의 하나입니다.

국가란 역사적으로 그에 선행하는 정치단체와 마찬가지로 정당한 (즉 정당하다고 간주되는) 강제력이라는 수단에 근거를 둔, 인간에 대한 인간의 **지배**관계입니다. 국가가 존속하기 위해서는 그러므로 피지배자들이 그때 그때의 지배자들이 요구한 권위에 **복종하지** 않으면 안 됩니다. 피지배자들은 언제 그리고 왜 그렇게 할까요? 이 지배는 어떤 내적인 정당화와 어떤 외적인 수단에 근거를 두고 있을까요?

지배의 내적인 정당화, 즉 그 **정당성**의 근거 — 이것부터 시작하겠습니다 — 에는 원칙적으로 세 가지가 있습니다. 우선 '영원한 어제의 것(ewig Gestrigen)'의 권위, 즉 먼 옛날부터 통용되어왔고 또 이에 복종하는 습관적인 태도 때문에 신성하게 된 **관습**의 권위가 있는데, 이것은 구식(舊式)의 가부장과 세습군주가 행한 바와 같은 '전통적인' 지배입니다. 다음으로는 개인의 비일상적인 **천부적**(天賦的) **자질**(카리스마)의 권위, 즉 어떤 개인의 계시, 영웅적인 정신 또는 그 밖의 지도자적 특성에 대한 완전히 인격적인 헌신 및 인격적인 신뢰가 있는데, 이것은 예언자나—정치 영역에서는—선출된 전쟁지도자 또는 국민투표에 의한 지배자, 위대한 데마고그(Demagoge)〔민중선동가, 선동정치가〕나 정당지도자가 행사하는 '카리스마적' 지배입니다. 마지막으로는 '합법성'에 의한 지배, 즉 법률상의 **규정**의 타당성과 합리적으로 만들어진 규칙을 통해 근거가 부여된 사실상의 '권한'에 의한 지배, 따라서 법규에 따른 의무이행 속에서 복종하는 태도에 의한 지배인데, 이것은 근대의 '공복(公僕)'과 그리고 그런 점에서 그와 유사한 모든 권력소유자가 행사하는 지배입니다. 물론 실제로는 공포와 희망—주술적인 힘이나 권력자에 의한 보복에 대한 공포, 내세나 현세에서의 보상에 대한 희망—이라는 지극히 순수한 동기와 또 이 밖에 대단히 다양한 이해관계가 복종을 발생하게 합니다. 이에 대해서는 곧 이야기할 것입니다. 그러나 이러한 복종의 '정당성'의 근거를 묻는다면, 우리는 틀림없이 이 세 개의 '순수한' 유형에 부딪힙니다. 그리고 이러한 정당성관념과 그 내적인 근거는 지배구조에 대해서 매우 중요한 의의를 가지고 있습니다. 물론 순수한 유형은 현실 속에서는 좀처럼 나타나지 않습니다. 그러나 오늘은 이 순수한 유형들의 지극히 복잡한 변화, 이행 및 결합을 논할 수 없습니다. 그런 일은 '일반국가학'의 문제에 속합니다.

여기서 우리의 관심을 끄는 것은 무엇보다도 그 유형들 중 두 번째 것, 즉 복종자들이 '지도자'의 순전히 개인적인 '카리스마(Charisma)'에 헌신하는 것에 의해 지배입니다. 왜냐하면 그 가장 두드러진 의미에서의 **소명**(召命)이라는 사상은 여기에 뿌리를 박고 있기 때문입니다. 예언자나 전쟁지도자, 또는 교회나 의회의 굉장히 위대한 데마고그의 카리스마에 헌신한다는 것은 바로 그 사람 개인이 내적으로 '소명을 받은' 인간지도자로 간주된다는 것, 사람들이 그에게 복종하는 이유는 관습이나 법규 때문이 아니라 그들이 그를 믿기 때문이라는 것을 뜻합니다. 그가 편협하고 덧없는 일순간의 벼락감투쟁이 그 이상이라면, 그 자신은 자기 본분에 몸을 바치며 '자기 일을 추구합니다'. 그러나 그를 따르는 자, 즉 제자, 추종자, 완전히 개인적인 파벌적 지지자들의 헌신은 그의 인격 및 그의 [개인적인] 자질과 관계 있는 것입니다. 지도자는 한편으로는 주술사와 예언자의 모습을, 다른 한편으로는 선출된 전쟁지도자, 도당(徒黨)의 수령, 용병대장[3]의 모습을 취하면서—이것들이 과거에서의 가장 중요한 두 모습입니다—모든 지역과 모든 역사시기에 나타났습니다. 그러나 서양 특유의 것은—그리고 이것이 우리와 더 가깝게 관계 있는 것인데—처음에는 자유로운 '데마고그'의 형태를 취했다가 나중에는 의회의 '정당지

---

3  용병대장(Condottiere)은 14, 15세기 이탈리아에서의 용병군(傭兵軍)의 지휘자이지 조달자이다. 이 용병군은 수천 명이나 되는 경우가 많았으며 거의 완전히 중무장(重武裝)하였고 규율도 신조도 없었으며 단지 높은 급료에 따라서만 움직였다. 봉건기사의 부족, 시민군에 의한 외적침입방지불능, 교황당과 황제당의 투쟁 등의 사정 때문에 이 용병군은 이탈리아 도시국가 간의 전쟁에 이용되어, 15세기 중엽에 이르기까지 이탈리아 역사에서 중요한 역할을 하였다. 따라서 용병대장은 전쟁을 독점하고 자기가 원하는 경제적 및 정치적 조건으로 군대를 조달할 수 있었다.

도자'의 형태를 취한 **정치**지도자입니다. 자유로운 '데마고그'는 오직 서양에만, 특히 지중해문화에만 고유한 도시국가를 토대로 해서 성장하였으며, 의회의 '정당지도자'는 이 역시 서양에만 뿌리를 내린 입헌국가를 토대로 해서 성장하였습니다.

그런데 말의 가장 본래적인 뜻에서의 '소명'에 의거하는 이 정치가들이 정치적인 권력투쟁의 장치에서 유일하게 결정적인 인물이었던 경우는 물론 어디에도 없었습니다. 가장 결정적인 것은 오히려 그들이 마음대로 쓸 수 있는 보조수단의 종류입니다. 정치적인 지배세력은 자신들의 지배를 유지하기 위해 어떻게 할까요? 이 질문은 모든 종류의 지배에 대해서, 따라서 그 모든 형태의 정치적 지배에 대해서도—즉 합법적 지배와 카리스마적 지배뿐만 아니라 전통적 지배에 대해서도—해당됩니다.

어떠한 지배경영(Herrschaftsbetrieb)도 계속적인 행정을 필요로 하기 때문에, 한편으로는 인간의 행동을 지배자들—정당한 폭력의 소유자임을 주장하는—에게 복종하도록 조정할 필요가 있으며 또 다른 한편으로는 이 복종을 통해서 경우에 따라서는 물리적인 힘을 행사하는 데 필요한 물적 재화—즉 인적(人的)인 행정간부와 물적(物的)인 행정수단—를 마음대로 쓸 필요가 없습니다.

정치적인 지배경영과 그 밖의 모든 경영의 외적인 측면을 나타내주는 행정 간부는 당연히 앞에서 방금 말한 정당성관념 때문에만 권력자에게 복종하지 않을 수 없는 것이 아닙니다. 오히려 그는 개인적인 이해관계에 호소하는 두 개의 수단—물질적인 보상과 사회적인 명예—때문에 권력자에게 복종합니다. 봉신(封臣)의 봉토(封土), 가산제(家産制)관료의 녹봉(祿俸), 근대공무원의 봉급, 그리고 기사(騎士)의 명예, 신분상의 특권, 권료의 명예가 그 포상(褒賞)을 형성하며, 아울러 그것들을 잃어버리지 않을까 하는 걱정이 행정간부와 권력자 간의 연대(連帶)의 궁극적이고 결정적인 기초를 형성하는 것입니다. 카리스마적인 지도자의 지배의 경우에도 역시 마찬가지입니다. 즉 무사(武士)의 부하에게는 무사로서의 명예와 전리품이 있으며, 데마고그의 추종자에게는 '엽관(獵官)'[4]─즉 관직독점에 의한 피지배자의 착취─과 정치적인 조건이 붙어 있는 이득 그리고 자만심(自慢心)이라는 프리미엄이 있습니다.

강제력으로 지배를 유지하기 위해서는 경제경영체의 경우와 마찬가지로 어떤 물질적이고 외적인 재화(財貨)가 필요합니다. 그런데 권력자가 이들의 복종에 의지할 수밖에 없는 그 간부들─관료이건 그 밖의 어떤 사람이건 간에─이 행정수단─이것을 화폐, 건물, 군수품, 차량, 말 또는 그 밖의 무엇이건 간에─을 **직접** 소유한다는 원칙에 국가질서가 기인하는가, 아니면 오늘날 종업원과 프롤레타리아가 자본주의적 경영체 내에서 물적(物的)인 생산수단과 '분리되어' 있다는 것과 똑같은 의미에서 행정간부가 행정수단과 '분리되어' 있는가에 따라서, 모든 국가질서는 구별될 수 있습니다. 즉 권력자가 그에 의해 조직된 **자신의 직할기관**(直轄機

---

4 spoils는 본래 전리품(戰利品), 강탈품(强奪品)이라는 뜻이지만, 정치에 전용(轉用)되어 엽관을 뜻한다. 따라서 엽관제(spoils system)란 공직의 임면(任免)을 당파적 정실(情實)에 의해서 정하는 정치관습을 말한다.

關)에서 개인적인 하인이나 고용된 관료, 개인적인 총신(寵臣) 및 심복―이들은 물적(物的)인 경영수단의 소유권자, 즉 자신의 권리에 의한 그 수단의 소유자가 아니라 소유주〔군주〕에게 감독을 받고 있는 사람들입니다.―을 통해 행정을 관리하도록 하는가 아니면 사정이 그 반대인가에 따라서, 국가질서가 구별될 수 있습니다. 이 구분은 과거의 모든 행정조직을 통해 나타나 있습니다.

물적인 행정수단이 전부이든 일부분이든, 예속적인 행정간부진의 손에 맡겨져 있는 정치단체를 우리는 '신분에 따라' 조직된 단체라고 부를 필요가 있습니다. 예컨대 봉토단체의 봉신(封臣)은 〔봉토로서〕 자기에게 주어진 지역의 행정 및 사법의 비용을 자기 주머니에서 지출하였으며, 전쟁의 장비와 식량을 자신이 직접 준비하였습니다. 그의 부하인 배신(陪臣)들도 같은 일을 하였습니다. 이것은 당연히 군주의 권력지위에 영향을 미쳤습니다. 군주의 권력지위는 오로지 신의(信義)약속을 토대로 하였으며, 아울러 봉신의 봉토소유와 사회적 명예의 그 '정당성'이 군주에게서 유래한다는 사실을 기초로 하고 있었기 때문입니다.

그러나 가장 일찍이 나타난 정치조직으로까지 거슬러 올라가더라도, 우리는 어디에서나 군주 자신의 직영(直營)도 발견합니다. 즉 군주는 개인적으로 자기에게 예속된 사람들―노예, 집사, 하인, 개인적인 '총신(寵臣)'―과 그의 저장창고에서 현물이나 현금으로 급여를 받는 수록자(受祿者)들을 통해 행정을 자기 수중에 넣기 위해 그 자금을 자신의 주머니와 자신의 영지(領地)의 수입(收入)에서 지출하면서, 그의 곡식창고, 탄약고, 무기고로부터 장비와 식량을 공급받기 때문에 완전히 개인적으로 자기에게 예속되어 있는 군대를 창설하려고 합니다. '신분' 단체에서는 군주가 자립적인 '귀족'의 도움을 받아 지배하므로 귀족과 지배를 **나누어 갖지**만, 이 경우 군주는 가신(家臣)이나 서민에 의존합니다. 그런데 이들은 고유의 사회적인 명예가 없는 무산계층(無産階層)으로서 물질적으로는 완전히 군주에게 얽매여 있으며 또 그 어떤 경쟁적인 자신의 힘을 지니지 못한 계층입니다. 가부장제적 및 가산제적 지배, 술탄제적 전제정치[5]와 관료제적 국가질서의 모든 형태는 이 유형에 속합니다. 특히 관료제적 국가질서는 어쨌든 그것이 가장 합리적으로 완성될 경우에는 바로 근대국가의 특징도 나타내는 국가질서입니다.

근대국가의 발전은 어디에서나 다음과 같은 것을 통해서 본궤도에 올랐습니다. 즉 군주와 어깨를 나란히 하는 행정권력의 독립적이며 '사적(私的)인' 소유자들로부터, 다시 말하면 행정 및 전쟁의 수행수단, 재정경영수단 그리고 정치적으로 사용할 수 있는 모든 종류의 재화를 자주적으로 소유하고 있는 자들로부터 그것들을 몰수할 준비가 군주측에서 이루어지는 것을 통해서, 근대국가의 발전은 본궤도에 올랐습니다. 이 과정 전체는 독립생산자들[의 소유물]을 서서히 몰수함으로써 행해지는 자본주의적 경영의 발전

---

5   술탄(sultan)은 회교국 전제군주의 호칭. 원래는 신권적(神權的)인 전제군주였지만, 후에 칼리프(khalif)와의 관계에서 종교적 최고권위자로서의 칼리프, 그의 위촉에 의한 세속권력자로서의 술탄으로 양자(兩者)의 분권제가 확립되었다.

과 완전히 유사합니다. 결국 근대국가에서는 정치의 모든 경영수단에 대한 조치력(措置力)이 사실상 단 하나의 정점(頂點)에 집중되어 있으며, 또 단 한 사람의 관리도 더 이상 그가 지출하는 돈이나 그가 자유로이 사용하는 건물, 저장품, 도구, 무기의 개인적인 소유주가 아니라는 것을 우리는 압니다. 따라서 오늘날의 '국가'에서는 행정간부―즉 행정관리와 행정노동자―의 물적인 경영수단으로부터의 '분리'가 완전히 이루어졌습니다. 이 점이 오늘날의 국가라는 개념에서 본질적인 것입니다. 그런데 여기서 가장 최근의 발전이 나타나고 있는데, 그것은 우리 눈앞에서 이 몰수자로부터 정치수단과 나아가서는 정치권력도 몰수하려는 준비를 시도하고 있습니다. 적어도 찬탈이나 선거를 통해 정치간부와 물적 재화의 관장기관에 대한 처리권을 장악하고서는 자신들의 정당성―그것이 얼마나 옳은가는 아무래도 좋습니다―의 근원을 피지배자들의 의사(意思)에서 찾는 지도자들이 합법적인 정부를 대신했다는 점에서는, 〔1918년의 뮌헨〕혁명이 그 일을 수행하였습니다. 〔그렇지만〕혁명이 이러한―적어도 외관상의―성공을 근거로 해서 자본주의적 경제경영체 안에서도 몰수를 수행한다는 희망을 당연히 품을 수 있는가는 다른 문제입니다. 자본주의적 경제경영체의 관리는 정치행정과 폭넓은 유사성이 있음에도 불구하고, 가장 내적인 곳에서는 그와는 전혀 다른 법칙에 따르기 때문입니다. 이에 대해 오늘은 나의 입장을 표명하지 않겠습니다. 나는 우리들의 고찰을 위해서 순수하게 **개념적인** 것(das rein Begriffiche)만을 확인하겠습니다. 즉 근대국가란 영토 내에서 지배수단으로서의 정당한 물리적 강제력을 독점하는 데 성공하였고, 이를 위해 물적인 경영 수단들을 그 지도자의 수중에 집중시켰으며, 그리고 일찍이 자신의 권리로 그 수단들을 자유로이 처분하였던 공직자들 — 자주권을 지닌 신분적인 공직자들 — 모두로부터 이들의 권리를 몰수하고서는 이들 대신에 자신이 그 최고정상에 앉은 하나의 제도적인 지배단체입니다.

이 정치적인 몰수 과정이 지구상의 모든 나라에서 한결같은 성과를 거둔 것은 아닙니다만, 어쨌든 이 정치적인 몰수 과정이 진행되면서 **두 번째** 의미의 '직업정치가들'의 최초의 부류가, 그것도 처음에는 군주에게 봉사하는 모습으로 나타났습니다. 이들은 카리스마적 지도자처럼 자신이 직접 지배자가 되려고 하지 않고, 정치지배자에게 **고용된** 사람들입니다. 그들은 이 투쟁에서는 자신을 군주의 뜻에 맡겼으며, 그리고 군주의 정책을 완수하는 것을 통해 한편으로는 물질적인 생계를, 다른 한편으로는 정신적인 생활내용[예를 들면 명예]을 얻었습니다. 군주만이 아닌 다른 권력에도 봉사하는 **이런** 종류의 직업정치가들도 역시 서양에서**만**(nur) 볼 수 있습니다. 과거에는 그들이 군주의 가장 중요한 권력도구인 동시에 정치적인 수탈수단이었습니다.

이들을 상세히 논하기 전에, 이러한 '직업정치가들'의 존재가 나타내는 사정을 모든 면에서 애매하지 않고 명백하게 해봅시다. 사람은 경제적인 영업의 경우와 똑같이, '임시' 정치가로서뿐만 아니라 부업(副業)정치가로서도 또는 본업(本業)정치가로서도 '정치'를 할 수 있습니다. 따라서 정치조직들 간의 또 그 조직들 내부에서의 권력배분에 영향을 미치기 위해 애쓸 수 있습니다. 우리들이 투표를 하거나 이와 비슷한 의사표시를 할 경우, 가령 어떤 '정치' 집회에서 박수를 치거나 항의를 하고 '정치' 연설을 하는 등의 경우에는, 우리들은 모두 '임시' 정치가( 'Gelegenheits' politiker)입니다. 그리고 많은 사람의 경우, 정치에 대한 그들의 모든 관계는 이 정도에 한정되어 있습니다. '부업' 정치가는 오늘날 예를 들면 정당정치단체들의 조정자나 간부들입니다. 이들은 필요한 경우에만 그 활동을 하며 — 이것이 완전히 상례(常例)로 되어 있습니다 — 물질적으로도 정신적으로도 **우선 첫째로** 정치를 '자신들의 생활로 삼지' 않기 때문입니다. 요구에 따라서만 활동하는 추밀원(樞密院) 및 이와 비슷한 자문단체의 구성원들도 마찬가지입니다. 그러나 회기중에만 정치를 하는 우리 나라 국회의원들의 꽤 넓은 층(層)도 마찬가지입니다. 과거에는 그러한 층을 특히 '신분집단(Stände)' 에게서 볼 수 있습니다. [우리는 우선] '신분집단'을 군사적 경영수단이나 행정상 중요한 물적 경영수단 또는 인사(人事)지배권을 고유의 자격[권리]에 따라서 소유하고 있는 사람들을 뜻하는 것으로 해둡시다. 이들의 상당수는 자신의 생활을 모두 또는 단지 우선적으로라도 정치에 바치는 일이 없었으며, 임시적인 것 그 이상으로도 정치에 바치는 일이 결코 없었습니다. 그들은 오히려 지대(地代)나 또한 직접 이익을 얻기 위해 자신들의 지배력을 이용하였으며, 정치단체를 위해 정치적으로 활동하게 된 것은 군주나 자신들의 신분의 동료가 그렇게 해줄 것을 특별히 요구할 때뿐이었습니다. 군주가 자기 뜻에만 따르며 자신이 직접 관리하는 정치조직을 만들어내기 위한 투쟁 속에 끌어들인 보조세력의 일부도 그와 다를 바 없었습니다. '궁정외 고문관(Räte von Haus aus)'과 더 멀리 거슬러 올라가면 '원로원(Curia)' 및 그 밖의 군주자문단체에 모든 고문관들의 대부분도 이러한 성격을 갖고 있었습니다. 그러나 이처럼 임시적인 또는 부업적인 보조세력만으로는 군주에게 충분치 못했다는 것은 물론입니다. 그는 완전히 또 자기를 위해서만 헌신하는, 따라서 **본업적인**(hauptberuflichen) 보조세력으로 이루어진 간부를 만들어내지 않으면 안 되었습니다. 그가 이 보조세력을 어디서 얻어왔느냐 하는 것이 새로 생겨나는 그 왕조의 정치조직의 구조와 그 해당문화의 전체 특징도 매우 본질적으로 좌우하였습니다. 〔그런데〕 군주의 권력을 완전히 없애거나 폭넓게 제한하면서 스스로를 (소위) '자유로운' 공동체로 정치적으로 구성한 정치단체들로 바로 똑같은 필요성 속에 놓여 있었습니다. 그런데 이때 〔공동체가 소위〕 '자유롭다'고 하는 것은 강제적인 지배가 없다는 의미가 아니라, 모든 권위의 독점적인 원천으로서 전통에 의해 정당화된 (대부분 종교적으로 신성해진) 군주권이 없다는 의미입니다. 이 정치단체들은 역사적으로 자신들의 본고장을 전적으로 서양에 두고 있으며, 그것들의 맹아(萌芽)는 정치단체로서의 도시였습니다. 도시는 정치단체로서 지중해문화권에서 최초로 나타났습니다. 이 모든 경우에 **본업** 정치가들은 어떤 모습을 하고 있었을까요?

정치를 직업으로 삼는 데에는 두 가지 방식이 있습니다. 정치를 '위해(für)' 살거나, 아니면 정치에 '의해(von)' 살거나입니다.

이 대립은 결코 서로 배타적인 것이 아닙니다. 적어도 정신적으로는, 그러나 대부분의 경우 물질적으로도 이 둘을 다하는 것이 오히려 보통입니다. 즉 정치를 '위해' 사는 사람은 **정신적인** 의미에서 '정치를 자신의 삶으로' 삼습니다. 다시 말하면 그는 자신이 행사하는 권력의 소유 그 자체를 즐기거나, 아니면 어떤 '일'에 대한 봉사를 통해 자신의 삶에 어떤 **의미**를 부여한다는 의식(意識)에서 정신적인 안정과 자부심을 맛보는 것입니다. 이 정신적인 의미에서 어떤 일을 위해 사는 성실한 사람은 누구나 그 일에 의해서 살기도 하는 것입니다. 그러므로 이 구별은 문제의 훨씬 더 실질적인 면, 즉 경제적인 면과 관계가 있습니다. 정치를 지속적인 **수입**원(收入源)으로 삼고자 하는 사람은 직업으로서의 정치에 '의해서' 사는 것이며, 그렇지 않은 사람은 정치를 '위해서' 사는 것입니다. 그 누구가 이 경제적인 의미에서 정치를 '위해' 살 수 있기 위해서는, 사유재산제도의 지배하에서는 이를테면 매우 진부하다고도 할 수 있는 몇 개의 전제조건이 놓여 있지 않으면 안 됩니다. 즉 그는—정상적인 상태에서는—정치가 가져다 줄 수 있는 수입(收入)으로부터 경제적으로 독립되어 있지 않으면 안 됩니다. 아주 간단하게 말하면 그는 재산이 있거나, 아니면 그에게 충분한 소득을 주는 사적(私的)인 사회적 지위를 지니지 않으면 안 됩니다. 적어도 정상적인 상태에서는 그렇습니다. 물론 전쟁지도자의 부하들은 길거리의 혁명적인 영웅의 부하들과 마찬가지로 정상적인 경제의 제(諸) 조건을 안중(眼中)에 두지 않습니다. 이 양자(兩者)는 모두 전리품, 약탈, 몰수, 기부, 무가치한 강제통화(强制通貨)[6]

의 강행 — 이것들은 본질상 모두 똑같은 것입니다 — 에 의해서 생활합니다. 그러나 이러한 것은 당연히 비일상적인 현상입니다. 일상(日常)의 경제에서는 자신의 재산만이 그 일에 도움이 됩니다. 그러나 그것만으로는 충분치 않습니다. 그는 더 나아가서 경제적으로 '여유'가 있어야 합니다. 다시 말해서 그의 수입은 그가 끊임없이 개인적으로 자신의 노동력과 사고를 완전히 또는 거의 수입의 획득에 바칠 정도가 되어서는 안 됩니다. 그런데 이런 의미에서 여유 있는 사람은 무조건 금리생활자로 볼 수 있습니다. 즉 과거의 장원영주, 현대의 대지주 및 귀족들처럼 지대(地代)에서 — 고대와 중세에는 노예나 농노로부터의 공납(貢納)에서 — 불로소득(不勞所得)을 얻든 아니면 유가증권이나 이와 비슷한 현대적인 수입원에서 불로소득을 얻든 간에, 어쨌든 전혀 노동하지 않고 소득을 얻는 사람들입니다. 노동자도 기업가도 — 이것은 매우 주목할 만한 일입니다 — **그리고 바로** 현대의 대기업가도 그런 의미에서는 여유가 있지 않습니다. 왜냐하면 **바로** 기업가야말로 그의 경영에 얽매여 있어 여유가 있지 **않기** 때문입니다. 그리고 공업기업가는 농업기업가보다 그의 경영에 훨씬 더 많이 얽매여 있습니다. 농업에는 계절성이 있기 때문입니다. 단지 일시적으로라도 [다른 사람으로 하여금] 자신을 대리하도록 한다는 것은 기업가로서는 대부분의 경우 매우 곤란합니다. 예를 들면 의사도 역시 그렇게 하

---

6  금(金)의 태환(兌換)준비가 없거나 표기된 만큼의 실제가치가 없으면서 국가권력에 의해 강제 통용력을 가지게 된 통화.

지 못합니다. 그가 유명해서 바쁘면 바쁠수록 다른 사람으로 하여금 대리하도록 하는 일이 그만큼 더 적어집니다. 〔그렇지만〕 변호사는 순수하게 경영기술적인 이유 때문에, 〔다른 사람으로 하여금 대리하도록 하는 것이〕 확실히 더 쉽습니다. 그렇기 때문에 변호사는 직업정치가로서도 〔기업이나 의사보다〕 훨씬 더 큰 역할, 때로는 바로 지배적인 역할을 하였던 것입니다. 이상과 같은 까다로운 구별은 이제 그만두고 몇 개의 결론을 명백히 해봅시다.

(말의 경제적인 의미에서) 오로지 정치를 위해 살고 정치에 의해서 살지 않는 사람들이 국가나 정당을 이끈다는 것은 필연적으로 정치지도층이 '금권정치적으로(plutokatische)' 충원된다는 것을 뜻합니다. 그렇다고 해서 그 반대도 또한 같다고 말하는 것은 물론 아닙니다. 즉 그와 같은 금권정치적 지도(指導)가 또한 동시에 정치지배층이 정치에 '의해서'는 살고자 하지 **않는다**는 것, 요컨대 자신들의 정치지배를 흔히 그들의 사적인 경제에 이익이 되게끔 이용하지 않는다는 것을 뜻하는 것은 아닙니다. 물론 그러한 말을 하는 것은 전혀 아닙니다. 어떤 방법으로도 그런 짓을 하지 않은 계층은 결코 없었습니다. 이 말은 단지 다음가 같은 것만을 뜻할 뿐입니다. 즉 재산이 없는 자라면 누구나 곧바로 보수를 요구하지 않을 수 없지만, 직업정치가들은 자신들의 정치활동에 **대해서** 보수를 즉시 요구할 필요가 없다는 것을 뜻할 뿐입니다. 또 한편으로도 그 말은 재산이 없는 정치가라고 해서 오로지 정치를 통한 자신들의 사경제적인 생계유지만을 또는 그것만을 주로 안중(眼中)에 두며, '본분'은 〔전혀〕 생각하지 않거나 〔또 생각한다 하더라도〕 그

다지 생각하지 않는다는 것을 뜻하지 않습니다. 이보다 더 잘못된 생각은 없을 것입니다. 경험에 비춰 보면, 재산이 있는 사람에게는 그의 생활의 경제적인 '안전(Sekurität)'에 대한 염려가—의식적이든 무의식적이든—그의 생활 전체의 방향을 결정짓는 주요점(主要點)입니다. 완전히 무모하고 거리낌없는 정치적 이상주의는—재산이 없기 때문에—일정한 사회의 경제질서의 유지에 관심을 두고 있는 계층과는 완전히 동떨어진 계층에서—오로지 이 계층에서만은 아닐지라도, 적어도 바로 이 계층에서—발견됩니다. 비일상적인, 따라서 혁명적인 시기에는 특히 그렇습니다. 오히려 [앞에서의] 그 말은 다음과 같은 것을 뜻할 뿐입니다. 즉 정치 관계자들, [다시 말해서] 지도층과 그 추종자들을 비(非)금권정치적으로 충원하는 일은 정치를 운영하기 때문에 이 관계자들에게 규칙적이며 의지할 수 있는 수입이 주어진다는 자명한 전제에 얽매여 있다는 것을 뜻할 뿐입니다. 정치는 '명예직(名譽職)으로' 행해질 수도 있는데, 이 경우에는 흔히 말하듯이 [경제적으로] '독립한' 사람들, 즉 재산이 있는 사람들, 특히 금리생활자들에 의해 행해집니다. 그러나 그렇지 않은 경우, 정치지도는 재산이 없는 사람들이 할 수도 있습니다. 이 경우에는 그 지도에 보수가 주어지지 않으면 안 됩니다. 정치에 '의해서' 사는 직업정치가는 순수한 '수록자(受祿者)'일 수도 있고 유급(有給) '관료'일 수도 있습니다. 이 경우 그는 일정한 일을 한 것에 대한 사례나 수수료에서 수입(收入)을 얻거나—술값[팁]과 뇌물은 이런 범주의 수입의 불규칙적이며 공식적으로는 위법인 변종(變種)입니다—아니면 고정된 현물급여나 현금봉급을 또는 그 둘을 동시에 받습니다. 그는 과거의 용병대장(傭兵隊長)이나 관직임차인(官職賃借人), 관직매수인(官職買收人)처럼, 또는 자신이 지출한 비용을 자본투자로 보고 자신의 영향력을 철저히 이용해서 이득을 내고자 하는 미국의 보스(boss)처럼, '기업가'의 성격을 지닐 수 있습니다. 또는 편집자나 정당의 서기, 현대의 장관이나 정무관(政務官)처럼, 그는 고정된 봉급을 받을 수 있습니다. 군주, 승리한 정복자나 성공한 정당 당수들이 자신들의 추종자에게 주는 전형적인 보수는 과거에는 영지, 토지증여, 갖가지 종류의 녹봉이었습니다마는, 화폐경제의 발달과 더불어 그것은 특히 수수료수입이 되었습니다. 오늘날에는 충실한 봉사에 대해 정당지도자가 주는 것은 당, 신문, 협동조합, 질병조합, 지방자치단체 및 국가 등에서의 관직입니다. 정당 간의 **모든** 투쟁은 본질적인 목표를 위한 투쟁일 뿐만 아니라 특히 관직수여권(官職授與權)을 위한 투쟁이기도 합니다. 독일에서의 지방분권주의자와 중앙집권주의자 간의 모든 투쟁은 특히 어떤 세력이 관직수여권을 장악하느냐, 즉 베를린 사람이냐 뮌헨 사람이냐 카를스루에 사람이냐 아니면 드레스덴 사람이냐를 둘러싸고 일어나는 것이기도 합니다. 관직에의 참여에서 냉대를 받는 것은 정당으로서는 자신들의 본질적인 목표에 대한 위반행위보다 더 견디기 어려운 것으로 받아들입니다. 프랑스에서는 정당정치에 의한 지사(知事)의 교체가 정부의 정강(政綱)의 수정보다 언제나 더 큰 변혁으로 간주되었으며, 또한 그때보다 더 많은 소란을 일으켰습니다. 정부의 정강은 순전히 형식적인 빈말이라는 의의밖에 없었기 때문입니다. 많은 정당들, 특히 미국의 정당들은 헌법해석에 관한 오랜 대립이 해소된 이후로는 순전히 엽관자(獵官者)의 정당이 되었습니다. 그들은 자신들의 본질적인 강령을 선거운동의 전망에 따라서 변경하고 있습니다. 스페인에서는 최근까지 위로부터 만들어진 '선거'라는 형태를 통해 양대정당이 관례적으로 확립된 순서에 따라 교대로 정권을 잡으면서 그들의 부하에게 관직을 주었습니다. 스페인의 식민지에서는 소위 '혁명'의 경우와 마찬가지로 소위 '선거'의 경우에서도 항상 국가의 구유(Staatskrippe)가 문제되고 있습니다. 승리자들은 거기서 먹을 것을 원하기 때문입니다. 스위스에서는 정당들이 비례대표제 방법을 통해 관직을 평화적으로 서로간에 분배하고 있으며, 또 우리 나라의 많은 '혁명적인' 헌법초안들, 예를 들면 바덴(Baden)의 경우 최초로 제출된 초안은 이 제도를 장관지위까지 확대하려고 하였습니다. 그 초안은 이처럼 국가와 그 관직을 수록자부양제도(受祿者扶養制度)로 취급하였던 것입니다. 특히 중앙당이 이에 대해 열광하였으며, 바덴에서는 종파(宗派)별로, 요컨대 능력은 고려치 않고 관직을 비율대로 분배하는 것을 정강의 한 항목으로까지 삼기도 했습니다. 관료제가 일반화되면서 관직의 수가 증대하고 또 특별히 **보장된** 취직처 형식으로서의 관직에 대한 갈망이 증대함에 따라, 이러한 경향은 모든 정당에서 증대되고 있습니다. 그리고 정당들은 그 당원들에게는 더욱더 그런 식으로 생계를 유지할 수 있도록 해준다는 목적을 위한 수단(Mittel zum Zweck)이 되고 있습니다.

그러나 이러한 것과 대립하고 있는 것은 현대적인 관료층의 발달입니다. 이들은 오랜 기간에 걸친 예비교육을 통해 전문가가 되도록 전문훈련을 받아 고도의 능력을 지닌 정신적인 노동자층으로서, 청렴(淸廉)에 관해서는 고도로 발달한 신분적인 명예심〔긍지〕을 갖고 있습니다. 이 명예심이 없다면, 무서운 부패와 야비한 속물근성의 위험이 운명처럼 우리 위를 떠돌 것이며, 국가기구의 순수하게 기술적인 능률도 역시 위협받을 것입니다. 이 국가기구가 경제에 대해서 갖는 의의는 특히 사회화의 증대와 더불어 끊임없이 증대되고 있으며 앞으로는 더욱 증대될 것입니다. 미합중국에서는 대통령선거의 결과에 따라서 아래로는 우체부에 이르기까지 수십만 명의 관료를 교체했기 때문에 종신직업관료를 알지 못했는데, 이러한 엽관정치가들에 의한 아마추어행정은 벌써 오래 전에 공무원제도개혁(Civil Service Reform)[7]에 의해 타파되었습니다. 순수하게 기술적인 행정상의 불가피한 필요가 이러한 발전을 일으키는 것입니다. 유럽에서는 분업적인 전문관료층이 500년에 걸친 발전 속에서 서서히 형성되어왔습니다. 이탈리아의 도시국

---

7 미국의 초기 특히 제7대 대통령 앤드류 잭슨 대통령 이후 심화된 엽관제의 폐단은 정당의 엽관주의, 관료들의 기강 문란, 공무원의 부패 및 사무능률의 저하 등으로 나타났다. 이에 대한 개혁운동이 일어나 1883년에는 펜들튼법(Pendelton Act)이라고도 불리는 공무원법(Civil Service Act)이 제정되어 엽관제는 폐지되고 실적제(merit system)가 도입되었다. 이 법의 주요 내용은 다음과 같다 : 관료의 채용은 원칙적으로 실무와 관련된 공개경쟁시험에 의할 것, 정당에 대한 헌금이나 정당운동을 원조할 의무로부터 관료를 해방할 것, 또 그러한 헌금이나 운동을 관료에게 금할 것, 인사행정을 위한 독립행정기관으로서 연방인사위원회(U.S. Civil Service Commission)를 둘 것 등이다.

가들과 그 시회(市會)가 그 시초를 이루었습니다. 군주국가 중에서는 노르만인의 정복국가들이 그러하였습니다. 군주의 **재정**(財政)에서 결정적인 진척이 일어났습니다. 극도의 궁핍과 터키인의 지배라는 역경(逆境) 하에서도 관료들은 실로 지배자—당시에는 아직도 특히 기사(騎士)가 지배자였습니다—의 딜레탕티슴[아마추어 정치]을 가장 견디지 못했던 이 영역에서 군주의 권한을 빼앗았는데, 그들이 이 일을 얼마나 어렵게 성취했는가는 막스 황제(Kaiser Max)[8]의 행정개혁을 보면 알 수 있습니다. 전쟁기술의 발달은 전문장교를 낳았으며, 소송절차의 개선은 훈련된 법률가를 낳았습니다. 이 세 영역[재정, 전쟁, 법률]에서 전문관료층이 결정적으로 승리를 거둔 것은 선진국가에서는 16세기 때입니다. 이와 더불어 신분집단에 대한 군주의 절대주의의 발흥과 동시에 그에게 신분집단에 대한 저 승리를 최초로 가능하게 해준 전문관료들에 대한 군주의 독재가 서서히 퇴조하기 시작했습니다.

전문훈련을 받은 **관료층**의 발흥과 동시에 '지도적인 **정치가들**'의 발전도—비록 훨씬 눈에 띄지 않는 추세로나마—이루어졌습니다. 물론 군주에 대해서 사실상 권위 있는 그러한 조언자(助言者)는 옛날부터 세계의 모든 곳에 있었습니다. 동양에서는 술탄(Sultan)을 통치결과에 대한 개인적인 책임에서 가능한 한 면제해

---

8 본문에는 막스 황제로 되어 있지만, 정확하게 말하면 Maximilian II. Emmanuel von Bayern(1662~1726)이다. 막스 1세의 손자이며 빈(Wien)에 대한 터키인의 포위를 푸는 데 큰 공을 세웠다.

줄 필요성에서, '대재상(大宰相, Großwesir)'[9]이라는 전형적인 인물을 만들었습니다. 서양에서 외교술은 무엇보다도 외교전문가들 사이에서 굉장히 열심히 읽힌 베니스공사관 직원의 보고서의 영향을 받아 칼 5세(Karl V)[10]시대 — 마키아벨리시대 — 에 처음으로 하나의 **의식적으로** 장려된 기술이 되었습니다. 그리고 대부분 인문주의교육을 받은 이 기술의 숙련자들은 서로를 그 분야에서 훈련을 받은 노련한 자들의 층(層)으로 대했는데, 이 점은 최근의 분립국가시대[11]의 중국의 인문주의적 정치가들과 비슷합니다. 국내 정치를 포함해서 정치 **전체**를 한 사람의 지도적인 정치가가 형식상 통일적으로 이끌어야 할 필요성이 입헌정치(立憲政治)의 발달 때문에 비로소 결정적으로 또 불가피하게 발생하였습니다. 그때까지는 그러한 인물들이 군주의 조언자로서, 아니 오히려 — 사실상 — 군주의 지도자로서 항상 있었다는 것은 자명한 일입니다. 그러나 관청의 조직은 우선 가장 많이 진보한 나라에서도 이와는 다른 길을 걸었습니다. 합의제(合議制)[12]의 최고행정관청들이 생겨났습니다. 이것들은 이론상으로도 또 그 정도는 점점 줄었지만 실제

---

9 베지르(Wesir)란 '담당자', '지주(支柱)'라는 뜻으로 터키의 대신(大臣)의 직명을 가리키는데, 그 최고권자가 대재상(Großwesir)이다. 그는 독립하여 정치를 통괄하였다.
10 칼 5세(1500~58)는 독일황제이며 재위(在位) 기간은 1519~59년이다. 그는 동시에 스페인 황제(카를로스(Carlos) 1세)를 겸하였다.
11 중국의 신해혁명(辛亥革命, 1911년) 이전의 시대.
12 합의제(Kollegial system) : 행정전문화의 확산으로 점점 아마추어가 되어가는

직업으로서의 정치 31

로도 결정을 좌우한 군주 자신의 사회로 회의를 열었습니다. 점차 아마추어 위치로 떨어진 군주는 의견과 반대의견을 제시하고 그 이유를 설명한 다음 다수파와 소수파가 투표를 행하는 이 합의제 제도를 통해서 그리고 더 나아가서는 공식적인 최고관청 이외에 순수하게 개인적인 심복들— '내각(Kabinett)'—을 자기 주변에 두고서 이들을 통해 추밀원(樞密院)—또는 이 최고관청이 이 밖의 어떤 명칭으로 불렸던 간에—의 결의에 자신의 결정을 내림으로 써, 관료들의 전문훈련이 빚어내는—불가피하게 증대해가는— 압력에서 벗어나서 최고의 지도권을 계속 장악하려고 하였습니다. 전문관료층과 독재정치 사이의 이처럼 눈에 보이지 않는 투쟁은 도처에 존재하였습니다. 의회와 그 정당지도자들의 권력욕에 직면해서야 비로소 상황은 변했습니다. 서로 매우 다른 사정에 놓여 있는 조건들도 외관상으로는 같은 결과를 초래하였습니다. 물론 어느 정도의 차이는 있었습니다. 왕조(王朝)가 실권(實權)을 장악하고 있었던 곳에서는 언제나—특히 독일에서와 같이—군주의 이해관계가 관료층의 이해관계와 한마음으로 결합되어 의회와 이의 권력요구에 **대항**하였습니다. 요컨대 관료들은 지도적인 지위

---

군주가 전문지식에 맞서 자신의 지위를 지키려는 시도 속에서 출현하였다. 합의제단체의 성격이나 지위는 매우 다양하지만, 대체로 전문가들로 구성된 상설 자문기관이나 의결기관을 두고 그것을 통해 결정된 사항을 군주가 재가하거나 각하한다. 예를 들면 프랑스의 참사원(Conseil d'Etat), 영국의 추밀원(Privy Council), 청나라의 총리아문(總理衙門), 터키의 의정부(Diwan) 등은 모두 이러한 합의제단체였다.

도 대신직(大臣職)도 자기들 계열로 채워지고 따라서 관료승진의 대상이 된다는 점에 관심이 있었습니다. 군주는 군주대로 자신의 자유재량에 따라 또한 자기에게 복종하는 관료계열에서 대신(大臣)을 임명할 수 있는 것에 관심이 있었습니다. 그러나 〔관료와 군주〕 양쪽 모두의 관심은 정치지도부가 일치단결해서 의회에 대항하는 것, 요컨대 합의제를 단일한 내각수반으로 바꾸는 것에 있었습니다. 더구나 군주에게는 정당 간의 투쟁 및 정당의 공격으로부터 단순히 형식적으로나마 벗어나 있기 위해서도 자기를 방어하며 책임져주는 인물, 다시 말해서 의회에 나가 답변하고 의회에 대항하며 정당들과 담판을 짓는 인물이 필요했습니다. 이리하여 이러한 이해관계가 모두 같은 방향으로 함께 작용해서, 통일적으로 지도하는 관료대신이 탄생한 것입니다. 의회의 힘이 — 영국에서처럼 — 군주보다 우위를 차지한 곳에서는 그 힘의 발전이 한층 더 강하게 통일화의 방향으로 작용하였습니다. 이 나라에서는 중심적인 의회지도자인 '리더(Leader)'를 정점(頂點)으로 하는 '내각'이 발달하였는데, 이 내각이라고 하는 것은 공식적인 법률에 의해서는 인정되지 않았지만 사실상으로는 유일하게 정치적인 결정권을 지닌 하나의 위원회, 〔다시 말하면〕 그때 그때마다 다수를 차지하는 **정당**의 한 위원회였습니다. 공식적인 합의제단체 바로 그 자체는 실제적인 지배권력인 정당의 기관이 아니었으며, 따라서 실제적인 통치의 담당자가 될 수도 없었습니다. 지배정당은 오히려 국내에서는 권력을 유지하고 대외적으로는 큰 정책을 추진할 수 있기 위해서는 그 실제적인 지도인사(指導人士)들만으로 구

직업으로서의 정치 33

성해서 허물없이 상의하는 하나의 강력한 기관, 즉 다름 아닌 내각이 필요하였습니다. 그리고 공중(公衆), 특히 의회로 대표되는 공중에 대해서는 모든 결정에 대해 책임을 지는 한 사람의 지도자, 즉 내각수반[수상]을 필요로 하였습니다. 영국의 이 제도가 그 후 대륙에서는 의원내각의 형태로 받아들여졌습니다. 그래서 미국과 미국의 영향을 받은 민주주의국가에서만 완전히 이질적인 제도가 [영국의] 그 제도와 대조를 이루게 되었습니다. 그 완전히 이질적인 제도는 직접적인 국민선거를 통해 승리한 정당에서 선출된 지도자를 그에 의해 임명된 관료기구의 정점(頂點)에 놓았으며, 그러고는 그에게 예산과 입법에 관해서만 의회의 동의를 받는 의무를 지웠기 때문입니다.

근대적인 정당제도는 권력투쟁 및 그 방법에서의 훈련을 발전시켰는데, 그러한 훈련을 요구하는 하나의 '경영(Betrieb)'으로서의 정치의 발전이 이제는 공공관료를 한편으로는 전문관료, 다른 한편으로는 '정치관료'라는 두 범주로 나누는 것을 필요로 하였습니다. 물론 그 두 범주는 결코 엄밀하게는 구분되지 않지만, 그러나 분명하게는 구분됩니다. 말의 본래의 뜻에서의 '정치' 관료들은 이들이 언제든지 임의(任意)로 전임(轉任)되고 면직될 수 있으며 아니면 '휴직(休職)에 처해'질 수 있다는 점에서 보통 외관상으로도 식별될 수 있습니다. 프랑스의 지사(知事)와 이들과 비슷한 다른 나라의 관료들이 그 예인데, 이들은 사법기능을 지닌 관료들의 '독립성'과 가장 현저한 대조를 이룹니다. 영국에서는 의회의 다수당에 따라서 내각이 바뀔 때 확고한 관습에 따라 관직에서 물러나는 저 관료들이 그것(정치관료)에 속합니다. 특히 일반적인 '내무행정'을 관할(管轄)하는 권한을 지니고 있는 관료들이 흔히 그 속에 포함됩니다. 거기(내무행정)에 있는 '정치적인' 요소는 무엇보다도 국내의 '질서', 요컨대 현존하는 지배관계를 유지하는 임무이기 때문입니다. 프로이센에서는 그 관료들이 푸트카머[13]의 포고령에 따라서 '정부의 정책을 지지할' 의무를 지녔습니다. 그래서 그들은 프랑스의 지사와 마찬가지로 선거에 영향을 미치기 위한 관(官)의 도구로 이용되었던 것입니다. 대부분의 '정치' 관료들은 사실 독일의 제도에 따른다면 ─ 다른 나라들과는 달리 ─ 그러한 관직을 획득하기 위해서도 대학공부와 전문시험 그리고 일정한 수습근무를 받을 의무가 있었는데, 이런 점에서는 다른 모든 관료들과 같은 성질을 공유하고 있었습니다. 우리 나라에서는 정치기구의 우두머리인 장관들에게만 현대 전문관료층의 이러한 특징이 없습니다. 이미 구체제하에서도 프로이센의 문교부 장관은 일찍이 고등교육기관에 다녀본 적이 없는 사람도 될 수 있었지만, 이에 반해 보고위원(Vortragende Rat)은 원칙적으로 규정된 시험에 합격한 사람만이 될 수 있었습니다. 전문훈련을 받은 부문담당자(Dezernent)와 보고위원 ─ 예를 들면 프로이센 문교부의 알트호프(Althoff) 밑에 있는 ─ 은 당연히 전문 분야의 고유한 기술적인 문제에 관해서는 그의 우두머리보다 훨씬 더 많이 알고 있었습니다.

---

13  로베르트 빅토르 푸트카머(Robert Viktor Puttkamer, 1828~1900) : 프로이센의 정치가, 문교부 장관.

이 점에서는 영국도 사정이 다르지 않았습니다. 그 결과 부문담당자나 보고위원이 날마다 필요한 모든 일에서도 〔그 우두머리보다〕더 힘 있는 자였습니다. 이것은 그 자체가 불합리한 것도 아니었습니다. 장관은 바로 **정치적인** 권력상황의 대표자였고, 그 권력상황의 정치적인 척도를 옹호해야 했으며, 자기 밑에 있는 전문관료들의 제안을 검토하거나 아니면 그들에게 정치적인 성질을 지닌 적당한 지시를 내려야 했기 때문입니다.

사적(私的)인 경제경영에서도 사실은 사정이 완전히 비슷합니다. 본래의 '주권자(Souverän)'인 주주총회는 전문관료들의 통치를 받는 '국민'이 그러하듯이, 경영지도에는 영향력이 없습니다. 그리고 경영정책에서 결정적인 역할을 하는 인물들, 즉 은행의 지배를 받는 '감독위원회'는 경영상의 지시를 내리고 관리를 위한 인물들을 선발할 뿐, 그 자신이 경영을 기술적으로 지도할 수는 없습니다. 이 점에서는, 기관총을 마음대로 쓸 수 있다는 이유 때문에 그 완전한 아마추어들에게 행정권력을 맡기고 있으며 또 전문훈련을 받은 관료들을 단지 집행하는 두뇌와 수족(手足)으로만 이용하고 싶어하는 혁명국가의 오늘날의 구조도 또한 결코 근본적인 혁신을 뜻하지는 않습니다. 오늘날의 이 제도의 어려움은 이와는 다른 곳에 있습니다만, 오늘은 그 점에 대해서는 언급하지 않겠습니다.

지금은 오히려 '지도자'와 그 추종자들이라는 직업정치가의 전형적인 특성을 살펴보겠습니다. 이 특성은 변해왔으며, 오늘날에도 매우 다양합니다.

우리가 이미 살펴본 바와 같이, '직업정치가'는 과거에 군주와 신분집단 간의 싸움에서 군주에게 봉사하면서 발전해왔습니다. 그들의 주요 유형을 간단히 살펴봅시다.

신분집단에 대항해서 군주가 의지한 것은 정치적으로 이용할 수 있는 비(非)신분적인 성격의 계층이었습니다. 중세의 기독교 지역에서와 똑같이 동인도와 인도차이나, 불교의 중국과 일본, 라마교[14]의 몽고에서는 우선 성직자들이 여기에 속합니다. 이것은 그들이 문자를 알고 있다는 기술적인 이유 때문입니다. 황제나 군주 아니면 한(汗, Khan)[15]이 귀족과 투쟁하는 경우에 이용할 수 있는 글쓸 줄 아는 행정력(schreibkundige Verwaltungskräfte)을 얻는다는 관점에서 어디에서나 브라만(Brahmanen), 불교승, 라마승이 초빙되었으며 또 사교(司敎)와 사제(司祭)가 정치조언자로 이용되었습니다. 성직자, 특히 독신(獨身)성직자는 보통의 정치적 및 경제적인 이해관계에 초연해 있었으며, 또 봉신(封臣)이 그러하였던 것과는 달리 자기 자손을 위해서 군주에게 맞서서 독자적인 정치권력을 추구하려는 유혹에 빠지지 않았습니다. 그는 그 자신의 신분적인 성질 때문에 군주의 행정경영수단과 '분리'되어 있었습니다.

---

14　8세기 중엽 인도에서 전래한 밀교(密敎)가 티베트의 민속과 풍습에 동화되어 발전된 종교로서 불교의 한 파.
15　한(汗)이란 페르시아어로 '집'이라는 뜻으로 터키의 타타르(Tatar)왕의 칭호이다. 또 돌궐(突厥), 몽고, 회흘(回紇) 등 여러 민족의 우두머리의 칭호로도 사용된다.

이러한 종류의 두 번째 계층은 인문주의교육을 받은 문학자들(Literaten)〔문사집단〕입니다. 군주의 정치조언자, 특히 그의 정치적 추도시문(追悼詩文)의 작가(作家)가 되기 위해 라틴어 연설법과 그리스어 시작법(詩作法)을 배운 시대가 있었습니다. 이때는 인문주의자들의 학원과 군주가 설치한 '시학(詩學)' 강좌가 처음으로 꽃편 시대였습니다. 우리 독일에서는 빨리 지나가버린 시대였지만, 이 시대는 어쨌든 우리 나라의 학교제도에는 계속 영향을 미쳤습니다. 물론 정치적으로는 아무런 깊은 결과를 지니지 못했지만 말입니다. 〔그렇지만〕 동아시아에서는 사정이 달랐습니다. 중국의 고관(高官, Mandarin)은 우리 르네상스시대의 인문주의자의 처지와 같은 존재, 아니 오히려 근본적으로는 대체로 그러한 존재였습니다. 즉 먼 과거의 고전에 대해 인문주의교육을 받고 과거에 급제한 문학자입니다. 여러분이 이홍장(李鴻章)[16]의 일기를 읽으신다면, 자기가 시를 지었으며 훌륭한 달필가(達筆家)였음을 그 역시 가장 많이 자랑하고 있다는 것을 아실 것입니다. 중국 고대에 발달한 관습을 몸에 지닌 이 계층이 중국의 운명 전체를 결정하였는데, 만일 〔우리의〕 인문주의자들이 당시에 〔중국의 문학자와〕 똑같은 효과를 갖고서 확고한 지위를 차지할 가능성을 조금이라도 갖고 있었더라면, 우리의 운명도 아마 비슷했을 것입니다.

세 번째 계층은 궁정귀족(宮廷貴族)이었습니다. 군주들은 귀족들에게서 그 신분적인 정치권력을 빼앗는 데 성공한 다음, 이들을

---

16  중국 청조 말기의 대정치가(1823~1901).

궁정으로 끌어들여 정치와 외교의 일에 이용하였습니다. 우리 나라에서는 17세기에 교육제도가 급변하였는데, 이것은 인문주의문학자들 대신에 궁정귀족의 직업정치가들이 군주에게 봉사한 것에도 그 원인이 있습니다.

네 번째 범주는 영국 특유의 형성물로 소귀족과 도시 금리생활자층을 포함하는 도시귀족(Patriziat)입니다. 전문용어로는 '젠트리(gentry)'[17]라고 불렸습니다. 이들은 본래 군주가 영지(領地)를 지닌 귀족들에게 대항하기 위해 끌어들여서 '자치행정(selfgoverment)'의 관직을 차지하게 했는데, 나중에는 점점 더 그 관직에 의지하게 된 계층입니다. 이 계층은 그들 자신의 사회적인 세력을 위해 관직들을 무보수로 떠맡음으로써, 지방행정의 모든 관직을 계속 차지하였습니다. 이 계층이 대륙의 모든 국가의 운명이었던 관료제화로부터 영국을 지켜왔습니다.

다섯 번째 계층은 서양, 특히 유럽대륙에 고유한 것으로 유럽대륙의 정치구조 전체에 결정적인 의의를 지녔습니다. 즉 그들은 대학교육을 받은 법률가들이었습니다. 관료주의적인 후기 로마국가가 개정한 로마법의 영향은 강력하였는데, 이것은 합리적인 국

---

17   영국에서 구(舊)젠트리(old gentry)는 봉건적 지주나 영주이지만, 신(新)젠트리(new gentry)는 시민계급의 이해에 적응하는 새로운 시민적 지주계급이다. 따라서 후자(後者)는 상인에서 전화한 지도 포함하고 있다. 구젠트리에서 신젠트리로의 성격 변화는 청교도혁명에서 명예혁명기에 이르는 과도기에 일어났다. 이들의 도덕규범은 젠틀맨십(gentlemanship)으로 부르주아도덕의 한 전형(典型)을 형성하였다.

가로의 발전이라는 의미에서의 정치경영의 혁신이 어디에서나 훈련된 법률가들에 의해 이루어졌다는 사실 속에서 가장 분명하게 나타나 있습니다. 영국에서는 커다란 전국적인 법률가조합들이 로마법의 수용을 방해하였음에도 불구하고, 마찬가지였습니다. 세계의 어느 지역에서도 이와 비슷한 예는 결코 찾을 수 없습니다. 인도의 미맘사학파(Mîmâmsâ Schule)[18]에는 합리적인 법률적 사고의 모든 싹이 있었으며 회교에서는 고대의 법률적 사고를 계속 장려하였음에도 불구하고, 〔그 어디에서도〕 신학적 사고형식이 합리적인 법률사상을 뒤덮어버리는 것을 저지할 수 없었습니다. 특히 소송절차가 충분히 합리화되지 못했습니다. 도시국가에서 세계제국으로 성장한 정치구조의 아주 독특한 성격의 산물인 고대 로마의 법학이 이탈리아 법률가들에 의해 계승되고, 중세 후기의 로마법학자와 교회법학자들의 '근대적 관용(Usus modernus)'이 이루어지고, 또 법률 및 기독교의 사고에서 태어나서 나중에 세속화된 자연법이론이 성립해서만 그것〔합리적인 법률사상〕이 성취되었습니다. 중세 이탈리아의 도시장관(Podesta), 봉건영주의 지배를 왕권이 타파할 수 있는 공식적인 수단을 만들어낸 프랑스의 왕실법학자, 교회법학자와 자연법적 사고방식을 지닌 회의주의(會議主義)[19] 신학자, 대륙군주들의 궁정법률가와 학식 있는 사법관, 네덜란드

---

18 인도의 육파철학(六派哲學) 중의 하나로 그 시조(始祖)는 자이미니(Jaimini)이다. 이 학파의 목적은 바라문교의 성전 베다(Veda)를 정당하게 해석하고 그 의식을 설명함에 있다.

의 자연법학자와 폭군방벌론자(暴君放伐論者),[20] 영국의 왕실법률가와 의회법률가, 프랑스 〔구체제하의〕 고등법원의 법복귀족(No-blesse de Robe),[21] 그리고 끝으로는 프랑스 혁명시대의 변호사들이 이 법률합리주의의 위대한 대표자였습니다. 이 법률합리주의가 없었더라면, 절대주의국가의 성립도 혁명도 생각할 수 없습니다. 만일 여러분이 프랑스 고등법원의 건의서나 16세기부터 1789년까

19 중세 때 가톨릭교회와 그 제도를 개혁하고자 하는 사상은 이미 일찍부터 있었지만 14세기의 교회분쟁을 계기로 1409년에 열린 피사(Pisa) 회의, 1414~18년의 콘스탄츠(Konstanz) 회의, 1431~49년의 바젤(Basel) 회의 — 이 세 회의를 교회사적으로는 3교회의 또는 개혁회의라고 부른다 — 를 통해 교회의 통일을 꾀하고, 전(全) 기독교를 대표하는 종교회의가 교황 이상의 최고권능을 가지며 교황은 사교(司敎) 중의 수석(首席)을 차지할 뿐이라는 교의가 확립되었다. 이러한 교의를 회의주의(Konziliarismus) 또는 사교단수위설(司敎團首位說, Episkopalismus)이라고 한다.
20 폭군방벌론(Monarchomachen) : 16세기 후반 서구에서 절대왕정을 매개로 해 전개된 신구(新舊) 두 교파 간의 논쟁과 무력충돌의 과정에서 신교 측의 입장을 대변하여 제출된 사상이다. 신구(新舊) 어느 교파도 그들 서로간의 투쟁에서 군주의 군사력에 의존하지 않을 수 없었는데, 신교 측은 가톨릭과 결탁한 군주는 인민과 군주가 맺은 통치계약을 위반한 폭군이므로 인민의 복종의무가 없고 오히려 그를 방벌(放伐)살해함이 정당하다는 이론을 제시하였다. 스코틀랜드의 버클리(W. Bercley), 칼빈의 제자 녹스(J. Knox), 프랑스의 오트망(F. Hotman) 등이 그 주요 주창자들이다.
21 법복귀족(法服貴族)이란 프랑스의 신흥 시민계급의 귀족층으로, 봉건귀족에 대해서 새로운 관료계급을 형성하여 프랑스 절대왕정의 기둥을 이룬다. 주로 사법관이나 재무관으로 근무하며 귀족 칭호가 부여된 자들이다. 귀족 칭호는 처음에는 당대(當代)에 한정되었지만 나중에는 세습되었다. 짧은 옷(robe courte)을 입은 귀족출신 군인에 비해 긴 옷(robe longue)을 입은 데에서 그 명칭이 비롯되었다.

지의 프랑스 삼부회(三部會)[22]의 진정서(陳情書)를 들여다보면, 도처에서 법률가정신을 발견할 수 있을 것입니다. 그리고 만일 여러분이 프랑스 국민의회[23] 의원들이 지닌 직업을 면밀하게 조사한다면,―그 국민의회가 평등선거권에 따라 선출되었음에도 불구하고―프롤레타리아는 단 한 명이고 부르주아 기업가는 매우 소수인 데 반해, 온갖 종류의 법률가는 많이 있다는 것을 알 수 있을 것입니다. 이 법률가들이 없었다면, 이 급진적인 지식인들과 이들의 계획에 생명을 불어넣은 그 특수한 정신은 전혀 생각할 수 없었을 것입니다. 근대의 변호사와 근대의 민주주의는 그 후 완전히 짝을 이루고 있습니다. 그리고 우리가 말하는 의미에서 독립된 신분으로서의 변호사도 역시 서양에만 존재하는데, 이들은 중세 이래로 소송(訴訟)의 합리화의 영향하에서 형식주의적인 게르만적 소송절차의 '대변인(Fürsprech)'에서 발달한 것입니다.

정당이 생겨난 이래로 서양의 정치에서 변호사들이 차지한 중요성은 우연한 것이 아닙니다. 정당을 통한 정치의 경영은 바로 이해관계자들에 의한 경영을 뜻합니다. 이것이 무엇을 의미하는지는 곧 보게 될 것입니다. 그런데 한 사건을 이해관계자들을 위해 성과가 있게끔 처리한다는 것은 훈련받은 변호사의 직무입니

---

22 삼부회(Generalstände) : 14세기 초에 구성된 프랑스의 신분제 회의. 성직자, 귀족, 평민의 세 신분으로 조직되었다.
23 국민의회(Konvent)란 1792년 9월 21일부터 1795년 10월 26일까지 자코뱅당의 혁명적 고양기(高揚期)에 과도적으로 개설된 혁명의회이다.

다. 그는 이 점에서는 그 어떤 '관료'보다 뛰어납니다─〔제1차 세계대전 중〕적군의 선전이 우리보다 우월하였다는 것이 그것을 우리들에게 가르쳐줄 수 있었습니다. 확실히 변호사는 논리적으로 약한 근거에 의지한 사건, 그런 의미에서 '나쁜' 사건을 그럼에도 불구하고 승소하게 할 수 있습니다. 즉 기술적으로 '잘' 처리할 수 있습니다. 그러나 또한 논리적으로 '강한' 근거에 의해 지탱되어 있는 사건, 그런 의미에서 '좋은' 사건을 승소하게 하는 것, 요컨대 그런 의미에서 '잘' 처리하는 것도 변호사뿐입니다. 정치가로서의 관료가 기술적으로 '나쁜〔그릇된〕' 처리를 하기 때문에, 위에서 말한 의미에서의 '좋은' 사건을 '나쁜' 사건으로 만드는 일이 너무나도 자주 있는데, 이것은 우리가 경험하지 않을 수 없었던 일입니다. 왜냐하면 오늘날의 정치는 일단은 상당한 정도로 입으로 말해지거나 글로 쓰어진 말이라는 수단을 갖고서 공개적으로 행해지기 때문입니다. 말의 효과를 저울질한다는 것은 변호사의 가장 고유한 임무 범위에 들어가는 것이지만, 전문관료의 그것에는 결코 들어가지 않습니다. 전문관료는 데마고그가 아니며 또 그 목적상 데마고그여서도 안 됩니다. 그런데도 그가 데마고그가 되려고 한다면, 매우 좋지 않은 데마고그가 되는 것이 통례(通例)입니다.

　진정한 관료는─이것은 우리 나라의 이전(以前)의 체제를 평가하는 데 결정적인 것입니다만─그의 본래의 직무에 따라서 정치를 해서는 안 됩니다. 그는 무엇보다 **비(非)당파적으로**(unparteiisch) '행정'을 해야 합니다. 이 점은 '국가이성(Staatsräson)', 즉 지배질서의 사활(死活)이 걸린 이해관계가 문제되지 않는 한에서는 소위 '정치적인' 행정관료들에게도 적어도 공식적으로는 해당됩니다. 진정한 관료는 '분노도 편견도 없이(Sine ira et studio)' 자기 직무를 처리해야 합니다. 그러므로 그는 지도자이건 그의 추종자이건 간에 정치가라면 언제나 반드시 하지 않을 수 없는 것, 즉 **투쟁**을 해서는 안 됩니다. 왜냐하면 당파성, 투쟁, 격정 — 분노와 편견(ira et studium) — 은 정치가의 요소이기 때문입니다. 그리고 무엇보다도 정치**지도자**의 요소이기 때문입니다. **정치지도자**의 행위는 관료의 그것과는 전혀 다른, 바로 반대되는 **책임**원칙에 따르고 있습니다. 관료의 명예는 그의 상급관청이 — 그의 견해를 무시하고 — 그가 보기에는 잘못된 명령을 고집하더라도, 마치 그 명령이 자신의 확신과 일치하는 듯이 그 명령을 명령자의 책임으로 양심껏 정확하게 수행하는 능력에 있습니다. 그 최고 의미에서의 이러한 도덕적 규율과 극기〔자제〕가 없다면, 기구 전체가 무너질 것입니다. 이에 반해 정치지도자의 명예, 따라서 지도적인 정치가의 명예는 바로 그가 하는 것에 대해 전적으로 **자신이** 책임지는 데 있습니다. 그는 그 책임을 회피하거나 남에게 덮어씌울 수 없으며 또 그렇게 해서도 안 됩니다. 〔그렇지만〕 도덕적으로 높은 수준의 관료성질을 지닌 자들이야말로 나쁜 정치가입니다. 특히 말의 정치적인 의미에서 무책임한 정치가이며 또 이런 의미에서 도덕적으로 열등한 정치가입니다. 유감스럽게도 우리 나라에서는 흔히 그러한 자들이 지도적인 위치를 차지해왔습니다. 이것이 우리가 '관료지배'라고 부르는 것입니다. 그러므로 우리가 성과〔정치적 효율성〕라는 관점에서 평가해서 이것을, 즉 이 제도의 정치적 결점을 폭로한다고 해도, 그것은 아마도 우리 나라 관료층의 명예로 오점(汚點)이 되지는 않을 것입니다. 그렇지만 우리들은 정치적 인물의 유형으로 다시 한번 돌아가봅시다.

'데마고그'는 입헌국가가 성립한 이래로 또 더욱이 민주정치가 성립한 이래로 서양에서의 지도적인 정치가의 전형(典型)입니다. 이 말이 불쾌한 뒷맛을 가졌다고 해서, 이 명칭을 지닌 최초의 인물이 클레온(Kleon)[24]이 아니라 페리클레스(Perikles)[25]였다는 것을 잊어서는 안 됩니다. 그는 관직이 없었을 때나 — 추첨을 통해 메워진 고대 민주정치의 관직들과는 달리 — 유일한 선거직(選擧職)인 최고군사령관[26]에 임명되었을 때에도 아테네 시민의 최고기관인 민회(民會)[27]를 이끌고 있었습니다. 현대의 선동정치도 연설을 사용하고 있습니다. 현대의 후보자가 하지 않으면 안 되는 선거연설을 생각해본다면, 그 연설은 더욱이 양적으로도 엄청난 크기가 됩니다. 그렇지만 현대의 선동정치는 인쇄된 말을 한층 더

---

24 클레온(?~B.C. 422) : 아테네의 가장 유명한 데마고그. 페리클레스가 죽은 후 민중지도자로 활약하였다. 허영심에 가득 찬 선동정치가의 전형(典型)이다.
25 페리클레스(B.C. 495~29) : 민주주의적 개혁을 이끈 아테네의 정치가.
26 최고군사령관(最高軍司令官, Oberstratege) : 고대 그리스의 아테네 군사제도에서는 선거에 선출되는 군지휘관이 10명이 있었는데, 그중 최고위직이 최고군사령관이다.
27 민회(Ekklesia) : 고대 그리스의 도시국가에 있었던 시민의 총회(總會). 행정, 입법 및 부분적으로는 사법상의 최고결정기관이었다.

지속적으로 사용하고 있습니다. [따라서] 정치평론가와 특히 **저널리스트**(Journalist)가 오늘날 이런 종류의 사람들 중 가장 중요한 대표자입니다.

현대의 정치적 저널리즘의 사회학을 개괄한다는 것도 이 강연의 범위 안에서는 완전히 불가능합니다. [사실] 이 문제는 어느 모로 보나 별도의 한 장(章)을 필요로 합니다. 여기서는 그중 아주 적은 부분만을 말할 수밖에 없습니다. 저널리스트는 모든 데마고그와 마찬가지로 또 더욱이 ― 영국 및 그 밖에 이전(以前)의 프로이센의 사정과는 달랐습니다만, 적어도 대륙에서는 ― 변호사(그리고 예술가)와 마찬가지로 사회적으로 확실하게 분류되지 않는다는 운명을 지니고 있습니다. 그는 '상류사회(Gesellschaft)'에서는 항상 윤리적으로 가장 열등한 대표자로 사회적인 평가를 받고 있는 일종의 천민계급(Pariakaste)에 속합니다. 저널리스트들과 그들의 일에 대해 지극히 기묘한 생각들이 항간에 퍼져 있는 것은 그 때문입니다. [그렇지만] 대부분의 사람들은 진실로 **훌륭한** 저널리스트의 일이 그 어떤 학자의 일과 적어도 같은 양의 '재능'을 필요로 한다는 것, 특히 급박한 사정 때문에 명령이 있으면 즉시 기사를 만들어낸다는 것 그리고 기사를 만들어내는 조건이 물론 [학자와는] 전혀 다른 경우에도 즉시 **일해야** 한다는 것을 모르고 있습니다. 저널리스트의 책임이 훨씬 더 막중하다는 것 그리고 모든 존경할 만한 저널리스트의 책임**감**(Verantwortungsgefühl)도 대개는 학자의 그것보다 조금도 뒤떨어지지 않으며 오히려 전쟁이 가르쳐준 바와 같이 더 크다는 것을 사람들은 거의 인정하고 있지 않는데, 그 이유는 ― 당연한 일이긴 합니다만 ― 바로 책임감이 **없는** 저널리스트들이 한 일들이 종종 무서운 결과를 가져와서 이것이 기억 속에 남아 있기 때문입니다. 게다가 어쨌든 유능한 저널리스트는 대개 다른 사람들보다 분별력이 더 높은데, 아무도 이것을 믿지 않습니다. 그렇지만 그것은 사실입니다. 이 직업에 따르는 전혀 비할 바 없이 막대한 유혹과 또 현재의 저널리스트 활동 이외의 조건들이 세상사람들이 신문을 경멸과 불쌍할 정도의 겁이 섞인 눈으로 보는 버릇을 가지게 하였다는 결과를 낳고 있습니다. 이 경우 무엇을 해야 하느냐에 대해서는 오늘은 이야기할 수 없습니다. 여기서 우리의 관심을 끄는 것은 저널리스트들의 **정치적인** 직업운명의 문제, 즉 그들이 정치지도자의 지위에 도달할 가능성이 있는가라는 문제입니다. 지금까지는 사회민주당에서만 그 가능성이 유리하게 있었습니다. 그러나 사회민주당 안에서도 편집자라는 지위는 주로 관료지위(Beamtenstellung)의 성격을 지녔을 뿐이지, **지도자**위치(Führerposition)로 올라가기 위한 발판이 아니었습니다.

    부르주아정당 안에서는 이러한 길〔저널리스트〕을 거쳐 정치권력에 오를 수 있는 가능성이 이전(以前) 세대에 비해서 전체적으로 보면 오히려 더 나빠졌습니다. 물론 중요한 정치가는 누구나 신문의 영향력, 요컨대 신문과의 관계를 필요로 하였습니다. 그러나 정당**지도자**가 신문에 관여하는 사람들 중에서 나왔다는 것은 ― 아무도 그것을 기대하지는 않았겠습니다만 ― 전적으로 예외였습니다. 그 이유는 저널리즘회사의 경영의 강도와 그 현실성〔규모〕이 엄청나게 증대하였다는 것이 원인이 되어, 저널리스트 특히 재산이 없으며 따라서 직업에 얽매인 저널리스트가 더욱더 심하게 '여유 없는 상태'에 처하게 되었다는 사실 속에 있습니다. 매일 또는 매주 기사를 써 생계를 유지해야 한다는 것은 정치가에게는 방해가 되는 일인데, 지도자자질을 지닌 인물들이 바로 그러한 일로 말미암아 권력에의 오름길에서 외적(물질적)으로 또 특히 내적(정신적)으로 끊임없이 무력해진 실례(實例)를 나는 알고 있습니다. 구체제하에서는 신문이 국가와 정당 안의 지배권력과 맺고 있는 관계가 저널리즘의 수준을 심히 해쳤습니다만, 이 문제를 다루는 것은 별도의 장(章)을 필요로 합니다. 〔그런데〕 적국(敵國)들〔제1차 세계대전시의 연합국〕에서는 그 사정이 달랐습니다. 그렇지만 저널리즘에서 일하는 사람은 점점 더 정치적 영향력을 잃고 자본가적 신문귀족─가령 노스클리프 '경(卿)'('Lord' Northcliffe)[28] 같은─이 더욱더 정치적 영향력을 얻는다는 원칙은 그곳에서도, 또 모든 현대국가에서도 타당한 것 같습니다.

　우리 나라에서는 특히 '작은 광고'를 싣는 신문, 즉 '일반신문'을 지배해온 자본주의적인 대신문콘체른이 확실히 지금까지는 일반적으로 정치적 무관심의 전형적인 육성자였습니다. 왜냐하면 〔신문사가〕 독자적인 정책을 내세워봐야 아무 이득도 얻을 수 없었으며, 특히 사업에 도움이 되는 정치지배권력의 호의를 얻어낼 수

---

28　알프레드 C. W. H. 노스클리프(Alfred Charles William Harmsworth Northcliff, 1865~1922) : 영국의 저널리스트. 1896년 Daily Mail을 창간하고 1908년에는 Times를 인수하여 사주(社主)가 되었다. 그 밖에도 많은 유력지(有力紙)를 지배하여 제1차 세계대전 전후에 많은 영향을 끼쳤다.

없었기 때문입니다. 광고사업도 역시 정부가 신문에 정치적 영향력을 행사하기 위해 전시중에 대규모로 이용한 수단인데, 지금도 그 시도를 계속하려고 하는 것처럼 보입니다. 대신문사는 광고사업을 멀리할 것이라고 기대할 수 있다 하더라도, 사정이 한층 더 곤란한 작은 신문들의 경우는 그렇지 않습니다. 그러나 어쨌든 현재 우리 나라에서는 저널리스트라는 직업이 비록 그것이 다른 점에서는 아무리 많은 매력을 갖고 있다 하더라도 또 비록 그것이 아무리 많은 영향력과 활동가능성을, 특히 정치적 책임을 가져오더라도 정치지도자로 올라가는 정상적인 길이 아닙니다 — 이미 정상적인 길이 아닌지 아니면 아직은 정상적인 길이 아닌지는 아마도 기다려봐야 할 것입니다. 많은 저널리스트들이 — 저널리스트 모두가 아니라 — 옳다고 여기는 익명원칙의 포기가 그 점에서 어떤 변화를 초래할지에 대해서는 말하기 곤란합니다. 전쟁 중의 독일 신문들은 문재(文才)가 뛰어난 사람들을 특별히 모집해 신문의 '주필직'을 맡겼으며, 이들은 이 경우 언제나 자기 이름을 명기하면서 입장을 밝혔는데, 여기서 우리가 체험한 것은 유감스럽게도 비교적 유명한 몇몇 경우에서 나타났듯이 높은 책임감은 그러한 방식으로는 사람들이 믿을 수 있을 만큼 확실하게 육성되지 **않는다**는 것입니다. 그렇게 함으로써 높은 판매고를 추구하고 또 그것을 달성한 신문 중의 일부는 — 당파의 구별 없이 — 바로 가장 유해한 것으로 악명 높은 거리의 선전지들이었습니다. 그 관계인사들, 즉 발행인과 센세이션을 일으키는 저널리스트들은 재산은 얻었습니다만, 명예는 전혀 얻지 못했습니다. 그렇다고 해서 그 원칙〔기사서명의 원칙〕에 반대해야 한다고 말하는 것은 아닙니다. 이 문제는 매우 복잡하며 또 그러한 현상이 어디서나 일어나는 것도 아닙니다. 그러나 그것은 **지금까지는** 진정한 지도자지위나 **책임 있는** 정치경영에 이르는 길이 아니었습니다. 상황이 앞으로 어떻게 형성될지는 기다려봐야 하겠습니다. 그러나 어쨌든 간에 저널리스트로서의 경력은 여전히 직업적인 정치활동의 가장 중요한 길 중의 하나입니다. 〔그러나〕 그것〔저널리스트라는 직업〕은 모든 사람에게 어울리는 길이 아닙니다. 약한 성격을 지닌 사람들, 특히 안정된 신분지위 속에서만 정신적인 균형을 유지할 수 있는 사람들에게는 전혀 맞지 않은 길입니다. 젊은 학자의 생활에도 비록 모험이 따른다 하더라도, 그의 주위에는 확고한 신분적인 관습이 확립되어 있어서 그를 탈선으로부터 보호해줍니다. 그러나 저널리스트의 생활은 모든 점에서 완전히 모험이며, 그것도 다른 경우에는 아마도 거의 있을 수 없는 방식으로 내적인 확신을 시험해보는 조건들 속에 있는 모험입니다. 직업생활에서 종종 겪는 쓰라린 경험들이 아마도 〔그 직업에서〕 가장 나쁜〔고통스러운〕 것은 아닐 것입니다. 〔왜냐하면〕 성공한 바로 그 저널리스트들에게는 특히 무거운 내적인 요구들이 부과되기 때문입니다. 세간의 유력자들의 살롱(Salon)에 겉보기에는 대등한 입장에서 드나들지만 〔사실은〕 사람들이 그를 두려워하기 때문에 흔히 일반적으로는 아첨을 받아가며 드나든다는 것, 그리고 이 경우 그가 문밖으로 나가기가 무섭게 집주인이 손님들한테 '신문기자 나부랭이'와의 교제에 대해서 아마도 특별히 변명할 것이 틀림없다는 사실을 안다는 것은 결코 사소한 일이 아닙니다. 그리고 바로 '시장에 모인 사람들(Markt)'이 요구하는 모든 것에 대해서, 즉 생각할 수 있는 모든 인생문제에 대해서 신속하고도 자신 있게 의견을 말하면서도 절대로 천박함에 빠지지 않을 뿐만 아니라, 특히 벌거벗는 데 따른 품위상실과 그 냉혹한 결과에 빠져서도 안 된다는 것은 정말로 쉬운 일이 아닙니다. 인간적으로 돼먹지 못하거나 무가치한 저널리스트들이 많이 있다는 것은 놀라운 일이 아닙니다. 오히려 놀라운 일은 이 모든 어려움에도 불구하고 이 계층〔저널리스트들〕에는 훌륭하고 아주 순수한 사람들이 국외자(局外者)들에게는 쉽게 짐작되지 않을 만큼 많이 있다는 것입니다.

저널리스트가 어쨌든 이미 상당히 긴 과거를 지닌 직업정치가의 한 유형이라면, **정당관료**(Parteibeamten)라는 인물이 나타난 것은 최근 몇십 년밖에 되지 않으며 또 일부는 몇 년밖에 되지 않습니다. 이 인물을 그 발전사적인 위치에서 이해하기 위해서는 정당제도와 정당조직을 살펴보지 않으면 안 됩니다.

어느 정도 광범위한 정치단체로서, 즉 작은 시골지방의 행정영역과 임무범위를 능가하는 정치단체로서 권력자를 정기적으로 선출하는 모든 정치단체에서의 정치경영은 필연적으로 **이해관계자들에 의한 경영**(Interessentenbetrieb)입니다. 다시 말해서 정치생활에, 즉 정치권력에의 참여에 일차적으로 관심을 지닌 비교적 소수의 사람들이 자유로운 유세(遊說)를 통해 추종자들을 만들어내며, 자기나 자기 부하를 선거입후보자로 밀고, 자금을 모아서 선거운동에 나서는 것입니다. 커다란 단체에서 이러한 작업이 없다면,

선거가 도대체 어떻게 적절하게 이루어질 수 있을지 알 수 없습니다. 실제로 이 작업은 투표권을 가진 국민들이 정치에 적극적인 분자(分子)와 정치에 소극적인 분자로 나눠진다는 것을 뜻합니다. 그렇지만 이 차이는 자발성에 기인하기 때문에, 그것은 그 어떤 조치에 의해서도—선거의무제라든가 '직능' 대표제라든가, 아니면 이러한 사태와 함께 직업정치가의 지배를 형식적으로나 실제적으로 방지할 목적을 지닌 그와 비슷한 제안 등과 같은 그 어떤 조치에 의해서도—제거될 수 없습니다. 지도자와 추종자는 [또 다른] 추종자들을 자유롭게 획득할 뿐만 아니라 지도자 선거에 참여하는 수동적인 선거권자도 그 추종자들을 통해 자유롭게 획득하는 적극적인 분자(分子)로서 모든 정당에 필수적인 생명요소입니다. 그러나 정당의 구조는 여러 가지입니다. 예컨대 교황당(教皇黨)[29]이나 황제당(皇帝黨)[30]과 같은 중세도시의 '정당들'은 순전히 개인의 추종자들이었습니다. 교황당의 규약(das Statuto della parte

---

29  교황당(die Guelfen) : 중세 이탈리아에서의 로마 교황 옹립파 및 그 당원.
30  황제당(die Ghibellinen) : 독일 황제 옹립파 및 그 당원. 중세 독일제국시대에 사교서임권(司敎敍任權)과 교황의 교권신장정책을 둘러싸고, 황제파와 교황파의 대립이 생겨났는데, 이것이 독일 황제의 이탈리아정책으로 말미암아 이탈리아로 파급되었다. 독일 황제가 이탈리아의 도시들에 대한 지배권을 얻고자 한 데 대항해서 이미 사실상 자치권을 얻고 있는 중이던 도시시민계급은 교황당을 편들었으며, 이에 반해 시민계급의 대두에 의해 자신들의 세력을 잃고 있었던 귀족층은 황제당을 편들었다. 따라서 황제당과 교황당의 대립은 이탈리아 자치도시들 내의 세력투쟁으로 변질되었는데, 이 대립은 결국 황제당의 승리로 끝났다.

Guelfa)을 보면, 귀족—본래는 기사생활을 했기 때문에 봉토를 받을 자격이 있는 모든 가문을 지칭했습니다만—의 재산몰수, 그의 관직 및 선거권 박탈, 범지역적인 당위원회, 엄격한 군대조직과 밀고자에게 이 조직이 주는 상금 등의 조치가 있었다는 것을 알 수 있습니다. 그런데 그러한 규약을 보게 되면, 우리는 소비에트[31]와 엄선된 군대조직 그리고—특히 러시아에서는—밀정조직(密偵組織)을 지녔으며, 아울러 '부르주아'—즉 기업가, 상인, 금리생활자, 성직자, 왕가의 자손, 경찰관—로부터는 무기를 몰수하고 정치권리를 박탈했으며 또 재산을 몰수한 볼셰비즘이 생각나는 것을 느끼게 됩니다. 그리고 또 우리가 한편에서 그 교황당의 군대조직이 명부(名簿)에 따라서 편성되는 순수한 기사군(騎士軍)이었으며 귀족이 거의 모든 지도적인 지위를 차지하였다는 것을 본다면, 그 유사성은 한층 더 두드러지게 나타납니다. 왜냐하면 소비에트 쪽은 높은 보수를 받는 기업가, 성과급제, 테일러시스템[32], 군대와 공장의 규율을 그대로 유지하거나 아니면 오히려 다시 도입하고 또 외국자본을 물색하지 않을 수 없었기 때문입니다. 한마디로 말해서 아무튼 국가와 경제를 계속 움직이기 위해서는 자신들이 부르주아계급제도라고 해서 맞서 싸웠던 **모든** 것들을 다시

---

31 소비에트(Sowjet) ; 러시아어로 평의회(評議會)라는 뜻으로 소련의 각급 권력기관을 의미한다.
32 테일러시스템(Taylorsystem) : 과학적인 경영관리방법의 한 형태. 미국의 테일러(F. W. Taylor, 1856~1915)가 창시한 차별적인 성과급제도.

받아들이지 않을 수 없었기 때문입니다. 그리고 그뿐만이 아니라 소비에트는 구(舊)오크라나(Ochrana)[차르시대의 비밀경찰]의 요원들을 자신들의 국가권력의 주요 수단으로 다시 활동시켰기 때문입니다. 그러나 우리가 여기서 문제 삼는 것은 그러한 폭력조직이 아니라, 정당의 진지하고 '평화적인' 유세를 통해 선거투표장에서 권력을 잡으려고 노력하는 직업정치가입니다.

우리들이 사용하는 보통의 의미에서의 이러한 정당들도 당초에는, 예를 들면 영국에서는 철저한 귀족추종자들이었습니다. 한 귀족이 그 어떤 이유에서든 정당을 바꾸면, 그에게 의존한 모든 것도 마찬가지로 반대당으로 넘어갔습니다. [1831년의] 선거법 개정법안 때까지는 국왕이 아니라 귀족의 대문벌(大門閥)들이 많은 선거구에서 관직수여권을 갖고 있었습니다. 이 귀족정당들과 꽤 유사한 구조를 지닌 것이 명망가정당들(die Honoratiorenparteien)인데, 이 정당들은 시민계급이 [정치적인] 힘을 얻으면서 도처에서 발생하였습니다. 서양의 전형적인 지식인층으로부터 정신적인 지도를 받고 있었던, '교양과 재산'을 갖춘 무리들은 일부는 계급이해에 따라 또 일부는 가문의 전통에 따라 또 일부는 순전히 이데올로기상의 이유로 여러 정당으로 갈라져서, 그 정당들을 이끌어갔습니다. 성직자, 교사, 대학교수, 변호사, 의사, 약사, 부농(富農), 제조업자 등 — 영국에서 신사들(gentlemen)로 쳐주는 사회계층 전부 — 은 처음에는 일시적인 단체나 기껏해야 국지적(局地的)인 정치클럽을 만들었습니다. [그러나] 격동기에는 소시민계급이 [정치무대에] 나타났습니다. 때로는 프롤레타리아도 지도자가 생기면 —

그러나 이 지도자는 보통 자기들 내부의 출신이 아니었습니다만―〔정치무대에〕 나타났습니다. 이 단계에서는 영속적인 단체로서 범지방적으로 조직된 정당들이 먼 오지(奧地)에는 일반적으로는 아직 존재하지 않았습니다. 국회의원들만이 결합하고 있었을 뿐입니다. 〔그렇지만〕 입후보자 추천에 결정적인 역할을 하는 것은 지방의 명망가들입니다. 강령은 입후보자가 유세 때 소리 높여 외친 것에서 나오기도 하고, 명망가회의나 의회정당의 결의에서 차용한 것에서 나오기도 했습니다. 책임자는 클럽을 임시적인 일로서 겸직(兼職)으로 또 명예직으로만 지도했을 뿐입니다. 클럽이 없는 곳에서는(대부분이 없었습니다만), 평소 정치에 지속적으로 관심이 있는 소수의 사람들 사이에도 정치활동이 전혀 조직화되지 못했습니다. 저널리스트만이 보수를 받는 직업정치가였으며, 신문사만이 어쨌든 지속성을 지닌 정치조직이었습니다. 그 이외에는 의회의 회기(會期)만이 있었을 뿐입니다. 〔그렇지만〕 국회의원과 의회의 정당지도자들은 어떤 정치활동이 바람직스럽다고 생각될 경우, 어느 지방명망가에게 부탁하면 되는지를 알고 있었습니다. 그러나 대도시에서만은 정당의 지부(支部)들이 항시 존재했습니다. 이 지부들은 소액의 당원비를 거두고 정기적인 회합을 열었으며, 또한 공개집회를 개최하여 국회의원으로 하여금 보고하게 했습니다. 〔그렇지만〕 정치활동은 선거 때에만 있었습니다.

선거 때 지역 간에 타협할 수 있는 가능성에 대한 국회의원들의 관심과 또 전국의 광범위한 사회계층의 사람들로부터 인정받는 통일된 강령 및 전국에 걸친 통일된 선동이 일으킬 수 있는 충격에 대한 국회의원들의 관심이 정당 내의 결속을 더욱더 긴밀하게 해주는 원동력이 되었습니다. 하지만 당의 지방지부의 그물이 중도시(中都市)에도 퍼지고, 뿐만 아니라 중앙당사무국의 지도자인 의회정당의 의원과 계속 연락이 되는 '조정자들(Vertrauensmännern)'[33]에 의해 전국에 퍼졌음에도 불구하고 명망가단체로서의 당기구의 성격에는 근본적으로 여전히 변화가 없었습니다. 중앙사무국 이외에는 보수를 받는 직원이 아직 없었습니다. 지방의 지부들은 어디에서나 평소에 존경을 받는 '명망이 있는(angesehene)' 사람들이 이끌어갔기 때문입니다. 이들은 원외(院外)의 '명망가들'로서 일찍이 의회에 자리를 잡은 국회의원들의 정치적 명망가층과 더불어 영향력을 행사하였습니다. 당이 발행하는 당보(黨報)는 신문과 지방집회에 정신적인 양식(糧食)을 확실히 더욱더 많이 주었습니다. 규칙적인 당원회비가 불가결하게 되었으며, 그 중의 일부는 중앙본부의 경비를 메우는 데 쓰지 않을 수 없었습니다. 그리 오래되지 않은 얼마전까지만 해도 독일의 대부분의 정당조직은 이 단계에 있었습니다. 게다가 프랑스에서는 [정당발달의] 첫단계가 부분적으로는 여전히 지배했습니다. 즉 국회의원들 간의 결합은 아주 불안정했고, 오지(奧地)에는 지방명망가가 소수밖에 없었으며, 또 비록 지역사정에 따라 국회의원의 결의와 강령에 다소간 의존하면서도, 강령은 유세 때마다 입후보자에 의해서 아니면 그

---

33  조정자(調整者) : 정당의 지역담당자

대신에 그의 후원자에 의해서 정해졌습니다. 이 제도는 〔오늘날〕 부분적으로만 무너졌습니다. 그때에는 〔얼마 전만 해도〕 전문직업정치가의 수가 얼마 안 되었습니다. 그들은 주로 당선된 국회의원, 중앙본부의 소수 직원, 저널리스트 그리고 ─프랑스에서는─ 그 밖의 엽관배(獵官輩)들로 이루어졌습니다. 그런데 이 엽관배들은 어떤 '정치적인 관직'에 있거나 아니면 현재 그러한 것을 얻고자 하는 자들이었습니다. 정치는 형식상으로는 단연 부업이었습니다. '장관이 될 수 있는' 국회의원들의 수도 매우 한정되어 있었습니다만, 명망가라는 성격 때문에 선거에 입후보하는 사람들의 수도 아주 한정되어 있었습니다. 그렇지만 정치경영에 간접적으로, 특히 물질적으로 관심이 있는 사람들의 수는 매우 많았습니다. 왜냐하면 정부 부서의 모든 시책과, 특히 인사문제의 모든 해결은 선거승산에 대한 그것들의 영향이라는 문제를 고려해서 이루어졌으며, 그리고 어떤 종류의 요구도 모두 그 지역 출신의 국회의원의 주선을 통해 관철하려고 하였기 때문입니다. 그 국회의원이 다수당에 속해 있을 때는 장관은 좋든 싫든 그의 말을 듣지 않을 수 없었습니다. 이 때문에 모든 국회의원은 다수당에 들어가려고 애썼습니다. 국회의원은 각각 관직수여권을 갖고 있었고, 또 일반적으로는 자기 선거구의 모든 문제에 대해 각종의 후원을 하였습니다. 그리고 국회의원 측으로서는 재선(再選)되기 위해 그 지역의 명망가들과 교제를 유지하였습니다.

그런데 명망가무리들에 의한, 특히 국회의원들에 의한 지배라는 이 목가적(牧歌的)인 상태와 날카롭게 또 아주 다르게 대립하는 것이 정당조직의 가장 현대적인 형태들입니다. 이 현대적인 형태들은 민주주의와 보통선거권에서 또 대중을 획득하여 조직할 필요성에서 그리고 [정당]지도의 최고의 통일성과 가장 엄격한 규율이 발달할 필요성에서 생겨난 것입니다. 명망가지배와 국회의원들에 의한 지도는 이젠 끝났습니다. 원외(院外)의 '본업(本業)' 정치가들이 [정당의] 경영을 떠맡습니다. 그들은 '기업가(Unternehmer)'로서 — 미국의 보스(Boss)와 영국의 '선거간사(Election agent)'도 사실상 그러한 사람이었습니다 — 그렇게 하거나, 아니면 고정된 봉급을 받는 [당(黨)의] 관료로서 그렇게 합니다. 형식상으로는 폭넓은 민주화가 이루어지고 있습니다. 이제는 원내(院內)의 정파(政派)가 결정적인 강령을 만들지 못하며, 또 지방의 명망가들도 입후보자의 추천을 더 이상 좌우하지 못합니다. [이제는] 오히려 조직된 당원들의 집회가 입후보자를 선출하며, 당원을 보다 상급(上級)의 집회에 대표로 파견합니다. 이 상급집회는 전(全) '당대회(Parteitag)'에 이르기까지 아마도 여러 가지가 있을 것입니다. 그러나 물론 권력은 사실상 경영체[정당조직] 안에서 **계속**(kontinuierlich) 일하는 사람들의 수중에 있거나, 아니면 일하는 과정에서 경영체가 금전적으로나 인사면(人事面)에서 의존하는 사람들 — 예를 들면 강력한 정치관계자 클럽(태머니 홀(Tammany Hall)[34])의 보호자나 지도자들처럼 — 의 수중에 있습니다. 결정적인 것은 이 인간기구(Menschenapparat)

---

34  원래는 1789년 뉴욕시에서 결성된 일종의 자선단체인 Tammany Society의 회

전체 ─ 앵글로색슨계의 나라에서는 이것을 '머신(machine)'[35]이라고 특색 있게 부릅니다만 ─ 가 아니 그보다는 오히려 그 기구를 이끌어가는 사람들이 국회의원들에게 도전하여 그들에게 자신들의 의사를 매우 폭넓게 강요할 수 있는 상태에 있다는 사실입니다. 그런데 이것은 정당 **지도자**를 선출하는 데 있어서 특별히 중요합니다. 이제는 머신이 의회조차 무시하면서 따르는 자가 지도자가 됩니다. 이와 같은 머신의 탄생은 달리 말하면 **국민투표제**(plebiszitären) 민주주의의 도래를 뜻하는 것입니다.

정당추종자들 중에서도 정당관료와 정당기업가는 자신들의 지도자의 승리로부터 당연히 개인적인 보상, 즉 관직이나 그 밖의 이득을 기대합니다. 그 지도자에게서 기대한다는 것이 ─ 개개의 국회의원들에게서 기대한다는 것이 아니라, 또는 개개의 국회의원들에게서만 기대하는 것이 아니라 ─ 결정적인 것입니다. 그 추종자들이 무엇보다도 기대하는 것은 선거전에서 지도자의 **인격**이 데마고그적인 영향을 일으켜 당에게 득표와 의석, 요컨대 세력을 넓혀주고, 이를 통해 그들의 지지자들에겐 이들이 기대한 보상을 얻을 수 있는 가능성을 될 수 있는 대로 늘려주었으면 하는 것입

---

관이었으나, 이 자선단체가 1800년 뉴욕시의 정치와 행정을 지배하게 되자 그 후 뉴욕시의 민주당기관으로 발전하였다. 정책의 원칙에는 관심이 없으며, 특히 19세기 후반의 대량이민(大量移民)에 때를 맞추어 투표의 매수조작(買收操作)에 앞장서고, 전형적인 보스정치를 전개하여 소위 머신(machine)의 좋은 예를 이루고 있다.

35 머신(machine)에 대해서는 역자 주 37을 참조할 것.

니다. 그리고 정신적으로는, 평범한 사람들로 이루어진 정당의 추상적인 강령만을 위해 일하는 것이 아니라 한 사람을 위해 경건하게 인격적으로 헌신하면서 일한다는 만족감이 — 이것이 모든 지도자가 갖고 있는 '카리스마적인' 요소입니다만 — [그 추종자들의] 동기(動機) 중의 하나입니다.

[나라마다] 그 정도가 매우 다르긴 하지만, 그리고 자신들의 영향력을 지키기 위해 싸우는 지방명망가들 및 국회의원들과 항상 잠재적으로 투쟁하면서도, [정당조직의 새로운] 이 형태는 승리를 얻었습니다. 우선 미합중국의 부르주아정당들에서 그러했고, 다음에는 특히 독일의 사회민주당에서 그러했습니다. [그러나] 일단 일반적으로 인정받는 지도자가 없게 되면 곧 끊임없는 반동이 나타납니다. 그리고 그러한 지도자가 있는 경우에도 당내 망명가들의 허영심과 이익에 대해 갖가지 종류의 양보를 하지 않을 수 없습니다. 그러나 무엇보다도 이 머신 역시 정규업무를 관장하고 있는 **정당관료들**(Parteibeamten)의 지배하에 들어가는 수도 있습니다. 많은 사회민주당 사람들의 견해에 따르면, 자기네 정당이 이러한 '관료제화(Bürokratisierung)'에 빠져 있다는 것입니다. 그럼에도 불구하고 '관료들'은 데마고그로서 영향력을 강하게 행사하는 지도자의 인격에는 비교적 쉽게 복종합니다. 왜냐하면 그들이 물질적 및 정신적 이익은 지도자를 통해 — 그들이 열망하는 — 당의 힘을 발휘하는 것과 참으로 긴밀하게 결합되어 있으며, 아울러 한 사람을 위해 일한다는 것 자체가 정신적으로 보다 큰 만족을 주기 때문입니다. 부르주아정당들에서는 대개 그러하듯이, 관료들 이외

의 '명망가들'이 당에 대한 영향력을 장악하고 있는 곳에서는 지도자의 출현이 한층 더 어렵습니다. 왜냐하면 명망가들은 자신들이 차지하고 있는 간부직이나 위원직을 **정신적으로** '삶의 보람으로 삼고' 있기 때문입니다. 새로운 사람(homo novus)으로 자처하는 데마고그에 대한 반감, 정당정치의 '경험'이 월등하게 많다는 확신—이것은 어쨌든 실제로도 매우 중요합니다—그리고 당의 오랜 전통이 깨지지나 않을까 하는 이데올로기적인 염려가 그들의 행동을 결정짓고 있습니다. 또 당내에서 그들은 전통주의적인 분자들을 모두 자기편으로 갖고 있습니다. 특히 시골의 선거인뿐만 아니라 소시민적인 선거인은 예전부터 자기를 신뢰해온 명망가의 이름을 중시하며, 자기가 알지 못하는 사람에 대해서는 믿지 않습니다. 물론 그 사람이 일단 성공을 거두었을 **때에는** 더욱 확고하게 그를 추종합니다만, 우선은 그렇습니다. 그러면 정당구조의 두 형태 간의 이 싸움을 몇 개의 주요한 예를 통해 살펴봅시다. 아울러 특히 오스트로고르스키[36]가 서술한 국민투표형식의 뚜렷한 출현을 한번 살펴보기로 합시다.

우선 영국을 살펴봅시다. 이 나라의 정당조직은 1868년까지는 거의 순수한 명망가조직이었습니다. 토리당(Tories)은 시골에서는 대체로 영국국교회파의 목사와 이 밖에—흔히—교사, 특히 해당 주(州, county)의 대지주를 기반으로 하고 있으며, 휘그당(Whigs)은

---

36 모이세이 야코프레비츠 오스트로고르스키(Moisei Yakovlevich Ostrogorski, 1854~1919): 제정 러시아의 정치학자로서 정당연구의 선구자.

대개 비(非)국교회파의 설교사(그가 있는 곳의 경우입니다만), 우체국장, 대장장이, 재단사, 밧줄제조공 같은 사람들, 즉―사람들이 이들과 가장 많이 잡담할 수 있기 때문에―정치적 영향력을 행사할 수 있었던 그러한 수공업자들을 기반으로 하고 있습니다. 도시에서는 일부는 당의 경제관에 따라서, 일부는 당의 종교관에 따라서, 또 일부는 단순히 집안에 내려오는 정당관에 따라서 당 지지자들이 갈라졌습니다. 그렇지만 언제나 명망가들이 정치경영의 담당자였습니다. 이들 위에서는 의회와―내각 및 '리더(leader)'를 지닌―정당들이 떠돌고 있었습니다. 리더는 각의(閣議)의 의장이거나 아니면 야당의 당수였습니다. 이 리더는 당조직의 가장 중요한 직업정치가적 인물인 '원내총무(whip)'를 곁에 두고 있었습니다. 관직수여권이 이 사람 손에 있었기 때문에, 엽관자들은 그에게 의뢰하지 않으면 안 되었으며, 그는 이 문제를 각 선거구에 국회의원들과 협의하였습니다. 지방 대리인들(lokale Agenten)이 얻어짐에 따라, 각 선거구에서는 서서히 직업정치가층이 발달하기 시작했는데, 그 지방대리인들은 처음에는 보수를 받지 않았으며 우리 나라의 '조정자(調整者)'와 대충 비슷한 지위를 차지하고 있었습니다. 그러나 이들과 아울러 선거구에서는 자본주의적 기업가의 한 형태인 '선거간사'가 발달했습니다. 이 선거간사의 존재는 공명선거를 보장하는 영국의 근대적인 입법에서는 불가피했습니다. 이 입법은 입후보자에게 선거운동 기간 중에 쓴 돈을 보고할 의무를 지움으로써, 선거비용을 통제하고 돈의 힘에 맞서려고 하였습니다. 왜냐하면 입후보자는―전에 우리 나라에서도 일어났던 것보다 훨씬 더 — 그의 목소리를 혹사하는 것 이외에, 돈을 쓰는 즐거움도 지녔기 때문입니다. 선거간사는 입후보자에게 미리 추산한 선거비용 전액을 자기한테 내도록 하였는데, 이때 그는 흔히 돈벌이를 하였습니다. '리더'와 당(黨) 명망가 간의 의회 및 지방에서의 세력분배를 보면, 영국에서는 전자(前者)가 위대할 뿐만 아니라 견실한 정치를 가능하게 한다는 이론(異論)의 여지가 없는 증거 때문에, 대단히 중요한 위치를 차지하고 있었습니다. 그렇지만 국회의원과 당(黨) 명망가의 영향력도 여전히 대단하였습니다.

낡은 정당조직은 대개 이러한 모습을 하고 있었습니다. 즉 반은 명망가가 경영하고, 반은 이미 직원과 기업가가 경영하고 있었습니다. 그러나 1868년 이래로 처음에는 버밍엄(Birmingham)의 지방선거를 위해, 다음에는 전국의 지방선거를 위해 '코커스' 제도('Caucus' System)[37]가 발달하였습니다. 비(非)영국국교회파의 어느

---

37 코커스(Caucus)라는 말은 보통 정당간부가 당의 선거후보자 지명이나 정책결정을 위해서 개최하는 '비공식 간부회의'라는 뜻으로 사용된다. 그러나 베버는 코커스를 '정당의 관료제화'와 유사한 뜻으로 사용하고 있다. 코커스제도란 선거인단체를 결성하고 여기에 유급직원이나 지도자를 두고 다시 이를 전국적으로 조직하는, 즉 빈틈없이 조직되어 엄격하게 관료제화된 인적 기구(기계와도 같은 기구라는 뜻으로 앵글로색슨계의 나라들에서는 머신(machine)이라 지칭되기도 한다)이다. 이런 조직이 완성되면 한편으로는 지역명망가들의 세력이 타파되고 또 다른 한편으로는 정당의 실권이 소수간부에게 그리고 결국에는 당수 한 사람의 수중에 들어가게 된다.

한 목사와 함께 조셉 챔벌린[38]이 제도를 탄생시켰습니다. 그 동기(動機)는 선거권의 민주화였습니다. 대중을 획득하기 위해서는 민주적인 모습을 한 거대한 단체기구를 만들고, 도시의 각 지구에 선거사무소를 설치해서 그 경영체를 끊임없이 활동시키며, 모든 것을 엄격하게 관료제화할 필요가 있게 되었습니다. 따라서 지방선거위원회에는 유급(有給)으로 고용된 직원들의 수가 늘어났으며, 전체적으로는 선거인의 약 10%가 이러한 지방선거위원회 안에 조직되었습니다. 당의 간사들은 선거로 선출되었다가 〔나중에는〕 호선권(互選權)을 갖게 되었는데, 이들이 정당정치의 공식적인 담당자였습니다. 추진력은 지방의 인사들, 특히 — 언제나 가장 풍부한 물질적 기회의 원천이었던 — 지방자치단체의 정치에 관심이 있는 인사들에게서 나왔습니다. 재정수단을 처음으로 조달한 것도 바로 이 지방인사들이었습니다. 새로이 대두하는 이 머신(Machine)은 더 이상 국회의원들의 지도를 받지 않는 것으로서, 종래의 권력자들, 특히 원내총무와 곧바로 싸우지 않으면 안 되었습니다. 그러나 지방의 이해관계자들의 지지를 받아 머신은 투쟁에서 승리를 거두었으며, 마침내 원내총무는 굴복하여 머신과 타협하지 않을 수 없게 되었습니다. 그 결과 권력 전부가 소수의 손에,

---

38  조셉 챔벌린(Josef Chamberlain(Joseph Chamberlin), 1836~1914) : 자유당의 원이었으나, 글래드스톤의 아일랜드자치법안에 반대하여 동지들을 이끌고 탈당, 자유통일당(Liberal Unionists)을 조직하였으며 그 당수를 지냈다. 완강한 보수적 자유주의자이며 식민주의자.

마침내는 당의 정상에 있는 한 사람의 손에 집중되었습니다. 사실 자유당에서의 이러한 체계 전부는 글래드스톤[39]이 권좌에 오름과 더불어 발생하였습니다. 이 머신이 그처럼 신속하게 명망가들에 의해 승리를 거둘 수 있었던 이유는 글래드스톤의 '위대한' 데마고그의 매력이, 그의 정책의 윤리적 내용에 대한, 특히 그의 인격의 윤리적 성격에 대한 대중의 신뢰 때문이었습니다. 정치에서의 시저주의적[40]-국민투표제적 요소(ein cäsaristisch-plebiszitäres Element), 즉 선거전장(選擧戰場)의 독재자가 〔영국의 정치〕무대에 등장한 것입니다. 그 결과는 매우 빨리 나타났습니다. 1877년에 코커스제도가 처음으로 총선거에서 활동하게 되었는데, 눈부신 성과를 거두었습니다. 대성공의 한가운데에 있었던 디즈레일리[41]의 실각이 그 결과였습니다. 1886년에 머신은 이미 글래드스톤이

---

39 윌리엄 E. 글래드스톤(William Ewart Gladstone, 1809~98) : 영국 자유주의시대를 대표하는 전형적인 빅토리아(Victoria)여왕시대의 의회정치가.
40 시저주의(Cäsarismus) : 나폴레옹 1세와 나폴레옹 3세가 취한 통치방식. 줄리어스 시저(Julius Caesar)가 그랬듯이 위로부터의 작위적인 선동을 통해 대중의 지지와 인기를 조작하고 유사(類似)민주주의적 독재를 실시하는 수법이다. 오늘날에는 주로 국민투표제를 이용한 독재정권의 한 수법이 되었으며, 넓은 의미로는 현대 의회정치제도의 대중민주주의에서 권한이 강화된 정치지도자가 직접 대중의 지지를 호소하고 이를 통해 권력을 유지, 행사하는 경우도 시저주의라고 부르고 있다. 베버는 현대사회와 같은 대중사회에서는 이러한 경향이 불가피하다고 보고 있다.
41 벤저민 디즈레일리(Benjamin Disraeli, 1804~81) : 글래드스톤과 쌍벽을 이루는 빅토리아여왕시대의 대표적인 의회정치가. 외교정책에서는 군주 중심의 귀족주의적 입장에서 대외(對外) 적극주의를 채택하여 영국제국주의의 막을 열었다.

라는 인물에게 완전히 카리스마적으로 지배를 받았습니다. 아일랜드의 자치문제(die Home-rule-Frage)가 제기되었을 때, 위에서 아래까지 기구 전체가 '우리가 실제로 글래드스톤과 동일한 입장에 있는가'라고 묻지 않고, 글래드스톤의 말에 따라 간단히 그와 함께 입장을 바꾸고는 '그가 하는 일이면 우리들은 무엇이든지 그를 따른다'고 말할 정도였습니다. 이리하여 머신은 그 자신의 창조자인 챔벌린을 버렸습니다.

이 기구는 많은 인원장치를 필요로 합니다. 직접 정당정치에 의해서 생활하는 사람이 영국에서는 언제나 약 2,000명이나 됩니다. 순전히 엽관자로서 아니면 이해관계자로서 정치에서, 특히 지방자치단체의 정치에서 협력하고 있는 사람들은 물론 이보다 훨씬 그 수가 많습니다. 유능한 코커스정치가(Caucus-Politiker)에게는 경제적인 기회뿐만 아니라 허영심을 만족시킬 수 있는 기회도 있습니다. '치안판사'나 더욱이 '국회의원'이 된다는 것은 당연히 최고의 (정상적인) 야심을 지닌 사람의 목표인데, 좋은 집안에서 자라난 사람들, 즉 '신사들(gentlemen)'에게는 그러한 목표가 주어집니다. 최고의 목표로는 귀족지위[작위(爵位)]가 손짓하고 있었는데, 대(大)재정후원자에게는 특히 그러했습니다. 정당의 재정은 약 50%까지 익명의 제공자가 기부한 돈에 의존했기 때문입니다.

그런데 이 체계 전체는 어떤 결과를 낳았습니까? 오늘날 영국의 국회의원들은 두서너 명의 각료(그리고 줏대 있는 몇 사람)을 제외한다면, 대개가 잘 훈련된 무정견(無定見)의 선거인 이외에는 아무것도 아니라는 것이 그 결과입니다. 우리 나라의 국회에서는 자기 의석 앞의 책상에서 사적(私的)인 문서를 처리하면서도 적어도 국가의 복리(福利)를 위해 일하고 있는 것처럼 보이게 하는 일이 흔히 있었습니다. 이러한 제스처는 영국에서는 필요 없습니다. 국회의원은 투표나 하고 당을 배반하지만 않으면 됩니다. 또 원내 총무가 부를 때는 출석하면 되고, 사정에 따라서 내각이나 야당의 리더가 지시하면 그것을 그대로 하면 됩니다. 더욱이 강력한 지도자가 있는 경우엔 전국의 코커스머신(Caucus-Maschine)은 거의 무정견(無定見)하게 되고, 완전히 리더의 수중에 있게 됩니다. 그렇게 되면, 국민투표에 의거한 독재자가 의회 위에 사실상 군림합니다. 그는 '머신'을 통해 대중들이 자기를 따르게 하기 때문에, 그에게 있어서는 국회의원이 자기를 추종하는 정치적 피부양자(被扶養者)에 불과합니다.

그러면 이러한 지도자의 선택은 어떻게 일어날까요? 우선 어떤 능력에 의해서 그들이 선출될까요? 이 경우는—세계 어디서나 의지력이라는 자질이 결정적인 것입니다만, 그 다음으로는— 당연히 데마고그적인 연설능력이 무엇보다도 결정적입니다. 지성에 호소한 콥덴[42]의 시대부터 겉보기에는 평범하게 '사실로 하여금 말하게 하는' 기교가인 글래드스톤(Gladstone)을 거쳐 대중을 움직이기 위해 구세군(救世軍)도 사용하고 있는 것과 같은 수단을

---

42  리차드 콥덴(Richard Cobden, 1804~65) : 영국의 정치가. 자유무역주의자로 유명하다. 그의 자유방임주의는 '콥덴주의'라고도 불린다.

통해서 자주 순전히 감정에 호소하는 연설이 행해지는 현대에 이르기까지, 그 연설방식은 변해왔습니다. 현재의 상태는 아마도 '대중의 정서(情緒)를 철저히 이용하는 것에 의거하는 독재정치'라고 불러도 좋을 것입니다. 그렇지만 영국 의회에서 대단히 발달한 위원회활동이라는 제도는 지도부에의 참여에 눈독 들이고 있는 모든 정치가에게 그곳에서 함께 **일하는** 것을 가능하게 할 뿐만 아니라 또한 그것을 강요합니다. 최근 몇십 년 동안의 중요한 각료 모두는 매우 실제적이고 효과적인 이 활동훈련을 거쳐왔습니다. 〔위원회에서〕 보고하고 그 심의에 대해 공개적으로 비판하는 실무경험의 결과로, 이 훈련은 〔지도자의〕 실제적인 선발을 뜻하게 되고 또 단순한 데마고그를 배제하게 됩니다.

영국의 상황은 그렇습니다. 그러나 영국의 코커스제도는 국민투표 원칙을, 특히 일찍이 또 특별히 순수하게 나타낸 미국의 정당조직과 비교한다면, 미약한 형태에 불과하였습니다. 워싱턴(Washington)의 생각에 따르면, 그의 미국은 '신사들(gentlemen)'이 다스리는 공동체여야 했습니다. 당시 저쪽〔미국〕에서도 신사란 지주이거나 대학교육을 받은 사람이었습니다. 미국도 처음에는 그러했습니다. 정당들이 생겨날 당시 처음에는 명망가들이 지배한 시대의 영국에서처럼 하원의원들은 〔자신들이〕 지도자가 될 것을 요구하였습니다. 정당조직은 완전히 느슨했습니다. 이것은 1824년까지 계속되었습니다. 이 나라에서도 근대적인 발전이 처음 이루어진 곳이었던 몇몇 지방자치단체에서는 이미 1820년대 이전에 당기구가 발생 중에 있었습니다. 그러나 서부농민들의 후보자인 앤드류 잭슨(Andrew Jackson)이 〔제7대〕 대통령으로 선출되고 나서야 비로소 낡은 전통들이 무너졌습니다. 의회가 전국의 당 기구에 대해서 거의 모든 힘을 잃어버렸기 때문에—캘훈,[43] 웹스터[44] 같은—유력한 의원들이 정치생활에서 은퇴한 1840년 직후에는 지도적인 의원들이 당을 이끌어나간다는 것도 정식으로 끝났습니다. 미국에서 국민투표의 '머신'이 매우 일찍이 발달한 것은 다음과 같은 이유 때문이었습니다. 즉 그곳에서는 또 그곳에서만은 행정부의 우두머리이며 또—이것이 중요한 점이었습니다만—관직수여권자가 국민투표로 선출된 대통령이었으며, 아울러 대통령은 '권력분립'에 의해 그의 직무수행에서 의회로부터 거의 독립해 있었다는 이유 때문이었습니다. 따라서 바로 대통령선거에서는 관직과 녹봉이라는 확실한 전리품이 승리의 대가(代價)로서 윙크하고 있었습니다. 앤드류 잭슨에 의해 이제는 완전히 원칙으로까지 체계적으로 높여진 '엽관제'로 말미암아 이러한 결과가 나오게 된 것입니다.

이 엽관제—모든 연방관직을 승리한 입후보자의 추종자들에게 나누어주는 것—는 오늘날의 정당형성에 어떤 의미가 있을까요? 신념이 전혀 없는 정당들끼리 서로 대립한다는 것, 즉 선거 때

---

43 존 콜드웰 캘훈(John Caldwell Calhoun, 1782~1850) · 미국의 정치가. 초기에는 연방주의자였으나, 나중에는 주권론자(州權論者)로 변하였다.
44 대니얼 웹스터(Daniel Webster, 1782~1852) : 미국의 정치가. 노예제를 공격하였으나 남북분열에는 반대하였다.

마다 선거운동의 승산에 따라 자신들의 강령을 바꾸는—아무리 유추해보아도 사실 다른 나라에서는 찾아볼 수 없을 정도로 바꾸는—순수한 엽관자조직들끼리 서로 대립한다는 것이 그 의미입니다. 정당은 정말로 철두철미하게 관직수여권을 얻는 데 가장 중요한 선거전을 목표로, 즉 연방〔정부〕의 대통령직과 각 주(州)의 지사직을 위한 선거전을 목표로 편성되어 있습니다. 강령과 후보자는 의원들의 개입 없이 당의 '전당대회(national conventions)'에서, 요컨대 대의원회가 형식상으로는 매우 민주적으로 〔선출해서〕 파견한 대의원들의 당대회에서 확정됩니다. 왜냐하면 이 대의원회는 당의 제1차 선거인대회인 '예비선거(primaries)'에서 그 권한을 위임받기 때문입니다. 이미 예비선거에서 대의원은 국가원수후보의 이름으로 선출되기 때문에, 각 당 **내부에서는** '지명(nomination)'의 문제를 둘러싸고 가장 격렬한 싸움이 광란적으로 벌어집니다. 어쨌든 30만 명 내지 40만 명의 관료임명이 대통령의 수중에 있는데, 그는 이 임명을 각 주의 상원의원들의 관여하에서만 집행합니다. 따라서 상원의원은 힘 있는 정치가입니다. 이에 비해 하원은 정치적으로는 매우 무력합니다. 그 이유는 하원에게는 관직수여권이 없고 또 누구에 대해서도—의회에 대해서도—반대할 수 있는 권리를 국민으로부터 인정받은 대통령의 순수한 조수(助手)인 장관들이 의회의 신임이나 불신임에 상관없이 자신들의 직무를 수행할 수 있기 때문인데, 이러한 것은 '권력분립'의 하나의 결과입니다.

    이러한 권력분립에 의해 떠받쳐진 엽관제가 미국에서 기술적으로 **가능했던** 이유는 미국 문화가 오래되지 않아서 순수한 아마추어적 관리(管理)가 용납될 수 있었기 때문입니다. 사실 30만 명 내지 40만 명의 그러한 정당인들이 자기 당에 충실하게 봉사하였다는 사실 이외에는 자신들의 자격에 대해 거론할 것이 아무것도 없었다는 이러한 상태에는 당연히 엄청난 폐단, 즉 부패와 유례없는 낭비가 없을 수 없었습니다. 아직도 무한한 경제적 가능성을 지닌 나라였기에 그러한 폐단을 견뎌낸 것입니다.

그런데 국민투표적인 정당머신이라는 이 제도와 함께 등장하는 인물이 '보스(Boss)'입니다. 보스란 무엇입니까? 자신의 비용으로 표를 모으는 정치상의 자본주의기업가입니다. 그는 변호사로서 혹은 술집주인으로서 아니면 이와 비슷한 영업체의 소유자로서 또는 어쩌면 대금업자(貸金業者)로서 그의 최초의 관계를 얻었을지도 모릅니다. 거기서부터 그는 일정수(一定數)의 표를 '통제'할 수 있게 될 때까지 그의 거미줄을 계속 넓게 폅니다. 이에 성공하면, 그는 이웃 보스와 연락을 시작하며, 열성, 능숙함 그리고 무엇보다도 용의주도함을 보임으로써 이 방면에서 이미 한층 더 성공한 사람들의 주목을 끌고는 드디어 상승하는 것입니다. 보스는 정당이라는 조직에는 없어서는 안 됩니다. 이 조직은 그의 수중에 집중되어 있습니다. 그가 자금의 대부분을 조달합니다. 그는 어떻게 해서 자금을 얻습니까? 일부분은 당원들의 기부금을 통해서입니다만, 무엇보다도 보스와 그의 당에 의해 관직을 얻게 된 관료들의 봉급에 과세(課稅)해서 얻습니다. 뿐만 아니라, 뇌물과 술값(팁)을 통해서도 얻습니다. 수많은 법률 중 어느 하나를 위반하면서도 처벌받지 않으려는 사람은 보스의 관용을 필요로 하기 때문에 그 관용에 대해 사례하지 않으면 안 됩니다. 그렇지 않으면, 그에게는 반드시 좋지 않은 일이 생깁니다. 그러나 이것만으로는 필요한 경영자금이 조달된 것이 아직 아닙니다. 보스는 재계(財界)의 거물들의 돈을 직접 받는 사람으로서 꼭 필요합니다. 그 사람들은 봉급을 받는 정당관료나 그 어떤 공식적인 회계담당자들에게는 결코 선거자금을 기탁하지 않을 것입니다. 금전문제에서 조심스럽고 용의주도한 보스는 당연히 선거자금을 대주는 자본가들에게는 안성맞춤인 사람입니다. 전형적인 보스는 절대적으로 냉철한 사람입니다. 그는 사회적 명예를 추구하지 않습니다. 그러한 '직업적인 사람'은 '상류사회' 안에서는 경멸을 받습니다. 그는 오직 권력만을, 재원(財源)으로서의 권력만을 추구합니다만, 또 권력 자체를 위해서도 권력을 추구합니다. 그는 어둠 속에서 일하는데, 이 점이 영국의 리더와는 반대되는 점입니다. 사람들은 그가 공개적으로 말하는 것을 듣지 못할 것입니다. 그는 연설자들에게 무엇을 적절하게 말해야 하는지를 암시하지만, 그 자신은 침묵을 지킵니다. 그는 연방상원의 상원의원직 이외에는 보통 어떤 직책도 맡지 않습니다. 사실 상원의원은 헌법상 관직수여권에 관여하기 때문에, 지도적인 보스들은 종종 이 단체[연방상원]에 자신이 직접 의석을 차지하고 있습니다. 관직의 수여는 무엇보다도 먼저 당을 위한 업적에 따라서 행해집니다. 그러나 값을 불러 낙찰(落札)하는 일도 흔히 일어났습니다. 그래서 개개의 관직에는 일정한 공정가격이 있었습니다. 이것은 교회국가를 포함해서 17, 18세기의 군주국가에서도 사실 흔히 있었던 것과 같은 하나의 매관제(賣官制)였습니다.

보스는 확고한 정치적 '원칙'을 갖고 있지 않으며, 신념이 전혀 없습니다. 그는 무엇이 표를 잡는가(Was fängt Stimmen?)라고만 물을 뿐입니다. 그가 별로 많은 교육을 받지 못한 사람인 경우도 가끔 있습니다. 그러나 사생활에서는 보통 비난받을 여지가 없이 올바르게 생활합니다. 우리 나라의 매우 많은 사람들도 역시 〔전쟁 중의〕 매점(買占) 시기에 경제윤리의 영역에서 했을지도 모르는 것처럼, 정치윤리에서만은 당연히 그는 일찍이 주어진 정치행위의 평균윤리(平均倫理)에 따릅니다. 사회적으로 사람들이 그를 '직업적인 사람', 즉 직업정치가라고 경멸하는 것에 대해 그는 개의치 않습니다. 그 자신이 연방의 고위직을 맡지 않으며 또 맡으려고도 하지 않는 것은 다음과 같은 이점이 있습니다. 즉 우리 나라의 경우처럼 당내의 고참 명망가들이 몇 번이고 되풀이해서 입후보하는 것이 아니라, 흔히 당과는 관계없는 지식인들 요컨대 저명인사들도 보스가 선거에서 이들의 인기에 희망을 걸 때에는 입후보할 수 있다는 점입니다. 사회적으로 경멸을 받는 권력자들이 움직이는 이 신념 없는 정당의 구조가 바로 유능한 사람들을 도와서 대통령이 되게 한 것입니다. 우리 나라의 경우라면 그들은 결코 출세하지 못했을 것입니다. 물론 보스들은 자신들의 돈과 권력의 근원을 위협할지도 모르는 아웃사이더(Outsider)에 대해서는 저항합니다. 그러나 선거인들의 호감을 얻기 위한 경쟁적인 투쟁 때문에, 부패를 반대하는 사람으로 여겨지는 바로 그러한 입후보자들을 보스들이 참고 받아들이지 않으면 안 되었던 일도 흔히 있었습니다.

이 나라에는 이처럼 위에서 아래까지 엄격하고 철저하게 조직되어 있으며, 또 태머니 홀(Tammany Hall)과 같이 지극히 튼튼하며 기사단(騎士團) 방식으로 조직되고 클럽의 후원도 받는 상당히 자본주의적인 정당경영이 있습니다. 그런데 태머니 홀과 같은 클럽들이 후원하는 이유는 이 클럽들이 무엇보다도 자치단체의 행정 — 이 나라에서도 이것이 가장 중요한 약탈대상입니다 — 을 정치적으로 지배함으로써 전적으로 이익을 얻고자 하기 때문입니다. 정당생활의 이러한 구조가 가능했던 이유는 '처녀지(處女地)' 로서의 합중국이 지닌 고도의 민주주의 때문이었습니다. 〔그러나〕 이제 이러한 사정은 이 제도가 서서히 사멸해가는 원인이 되고 있습니다. 이제 미국은 더 이상 아마추어들에 의해서만 통치될 수 없습니다. 미국의 노동자들에게 왜 당신들은 당신들 자신이 경멸한다고 공언하는 정치가들이 통치하도록 내버려둡니까라고 묻는다면, 15년 전〔1904년〕만 하더라도 다음과 같은 대답을 얻었습니다 : "당신네 나라에서처럼 우리를 경멸하는 관료계급보다는 우리가 경멸하는 사람들이 관료로 있게 더 낫소." 이것이 미국의 '민주주의'를 보는 예전의 입장이었습니다. 〔물론〕 사회주의자들은 이미 그 당시에도 전혀 다른 생각을 하고 있었지만 말입니다. 이제 이러한 상태는 더 이상 견디어낼 수 없습니다. 아마추어 행정으로는 이젠 더 이상 충분치 못해, 공무원제도개혁(Civil Service Reform)이 연금(年金)을 받을 수 있는 종신관직의 수를 계속 늘리고 있습니다. 그 결과 우리 나라의 관료들과 마찬가지로, 대학에서 교육을 받은 청렴하고 유능한 관료들이 관직에 오르고 있습니다. 지금은 이미 약 10만의 관직이 더 이상 선거 때마다의 전리품이 아닙니다. 그것들은 연금을 받을 수 있는 관직으로서 자격증명과 연관되어 있습니다. 이러한 사정은 서서히 엽관제를 더욱 후퇴시킬 것입니다. 그렇게 되면, 정당을 이끄는 방식도 확실히 변할 것입니다. 그렇지만 어떻게 변할는지 아직은 모르겠습니다.

**독일**에서는 정치경영의 결정적인 조건들이 지금까지는 대체로 다음과 같았습니다. 첫째는 의회의 무력(無力)이었습니다. 그 결과, 지도자자질을 가진 사람은 언제나 [의회에] 들어가지 않았습니다. 그런 사람이 의회에 들어가려 하였다고 가정한다면 ― 그가 그곳에서 무엇을 할 수 있었겠습니까? 어느 관청에 자리가 비었을 경우 그 해당 행정관청의 장(長)에게, 나의 선거구에 매우 유능한 사람이 있는데 그 사람이 적임(適任)일 것이니, 그를 좀 채용해주십시오라고 말할 수는 있었습니다. 그리고 이런 일은 흔히 있었습니다. 그러나 이것이 독일 국회의원이 자신의 권력본능 ― 그가 그러한 본능을 갖고 있다면 말입니다만 ― 을 만족시키기 위해 성취할 수 있는 거의 모든 것이었습니다. 여기에 덧붙여야 할 것은 ― 그리고 이 두 번째 요소가 첫번째 요소[의회의 무력]를 발생시킨 조건이기도 했습니다만 ― 독일에서는 훈련된 전문관료층의 중요성이 엄청나게 컸다는 점입니다. 이 점에서는 우리 나라가 세계 최고였습니다. 이러한 중요성은 필연적으로 다음과 같은 결과를 낳았습니다. 즉 이 전문관료층이 전문관료직뿐만 아니라 장관직도 요구한 것입니다. 바이에른 주의회(州議會)에서 있었던 일입니다만, 그곳에서 작년에 의원내각제가 논의되었을 때, 의원을 각료로 앉히면 유능한 사람들은 더 이상 관료가 되지 않을 것이라는 발언이 있었습니다. 더구나 〔우리 나라에서는〕 관료들의 행정관청이 영국〔의회〕의 위원회의 토론이 뜻하는 것과 같은 통제를 계획적으로 기피했으며, 따라서 의회가 — 약간의 예외를 제외하면 — 진실로 쓸모 있는 행정장관들을 자기 내부에서 양성하는 것을 불가능하게 하였습니다.

세 번째 요소는 우리 독일에는 미국과는 달리 정치적인 신념을 지닌 정당들이 있었다는 점입니다. 이들 정당은 자기 당원들이 '세계관'을 대표하는 자들이라고 적어도 주관적으로 진실되게(mit subjektiver bona fides) 주장하였습니다. 그 정당들 중에서 가장 중요한 두 정당을 들면, 그 하나는 중앙당(das Zentrum)이고 다른 하나는 사회민주당(die Sozialdemokratie)입니다. 그러나 이들 정당은 생겨날 때부터 소수당(少數黨)이었으며, 게다가 그들 자신의 의사에 따라서 소수당이었습니다. 독일제국의 중앙당의 지도급인사들은 자신들이 의회주의에 반대하는 이유가 자신들이 소수파가 되는 것을 두려워했기 때문이며 또 그렇게 되면 지금까지처럼 정부에 압력을 가해 엽관자들을 취직시키는 일이 한층 더 곤란해질 것이기 때문이라는 사실을 결코 숨기지 않았습니다. 사회민주당은 원칙적으로 소수당인데, 기존의 부르주아적인 정치질서에 몸을 더럽히려고 하지 않았기 때문에, 이 정당은 의회정치의 도입에 하나의 장애물이었습니다. 이들 두 정당이 의회정치에 참가하지 않앉다는 사실이 이 의회정치를 불가능하게 만들었습니다.

이러한 경우 독일의 직업정치가들은 어떻게 되었습니까? 그들은 권력도 책임도 없었으며, 거의 보잘것없는 명망가 역할밖에 할 수 없었습니다. 그 결과, 요즈음에는 그들은 어디에나 있는 전형적인 파벌본능에 사로잡혀버렸습니다. 보잘것없는 직위로 생활을 꾸려가는 이 명망가들 사이에서 이들과는 종류가 다른 사람이 출세한다는 것은 불가능하였습니다. 지도자 자질을 가졌기 때문에 또 바로 그런 이유에서 명망가들로부터 용납받지 못했기 때문에 비극적인 정치 생애를 나타낸 수많은 사람들의 이름을 사회민주당까지 물론 포함해서 모든 정당에서 들 수 있습니다. 우리 나라의 모든 정당들은 이러한 발전의 길을 걸어 망명가들의 조합(Honoratiorenzunft)이 되었습니다. 예를 들면 베벨[45]은 그의 지성(知性)은 대단치 않았습니다만, 열정으로 보나 성격의 순수함으로 보나 역시 지도자였습니다. 그가 순교자였다는 사실, 그가 대중들의 신뢰를 (그들이 보기에는) 결코 배반하지 않았다는 사실은 대중들이 그를 전적으로 따랐으며 당[사회민주당]내에는 그에게 진심으로 도전할 수 있는 세력이 없었다는 결과를 가져왔습니다. 그가 죽은 후에는 이러한 상태가 끝났으며, 관료들에 의한 지배가 시작되었습니다. 노동조합의 관료, 정당의 서기, 저널리스트가 출세했고, 관료본능이 당을 지배하였습니다. 이들은 매우 고결(高潔)한

---

45  아우구스트 베벨(August Bebel, 1840~1913) : 독일 사회민주당 및 제2인터내셔널의 창설자이며 지도자.

관료층—다른 나라들의 사정을 고려한다면, 특히 매수(買收)가 횡행하는 미국 노동조합의 관료를 고려한다면, 드물게 보는 고결(高潔)함이라고 말할 수 있을 것입니다—이었습니다. 그렇지만 앞에서 논의한 관료지배의 결과들도 당내에 나타났습니다.

부르주아정당들은 1880년대 이후로는 완전히 명망가들의 조합(組合)이 되었습니다. 물론 때때로 이들 당(黨)은 선전을 목적으로 당외(黨外)의 지식인들을 끌어들여 '우리에게는 이러이러한 사람들이 있다'고 말할 수 있어야 했습니다. 그 정당들은 이 사람들을 입후보시키는 것을 가능한 한 피했으며, 어쩔 수 없는 경우에 한해서 즉 입후보시키지 않고서는 당사자가 [입당에] 동의하지 않은 경우에 한해서 입후보를 시켰습니다.

의회 안에서도 똑같은 정신이 지배하였습니다. 우리 나라의 의회정당들은 과거나 현재나 조합(組合)입니다. 제국의회(帝國議會)의 본회의에서 행해지는 모든 연설은 사전에 당내에서 철저하게 검열을 받습니다. 연설이 일찍이 들어본 적이 없을 정도로 지루한 데서 그것을 알 수 있습니다. 발언자로 지명된 사람만이 발언할 기회를 얻을 수 있습니다. 영국의 관례와 비교한다면 또—정반대의 이유에서입니다만—프랑스의 관례와 비교하더라도 이보다 더 심한 대조는 거의 생각할 수 없을 것입니다.

지금은 사람들이 흔히 혁명이라고 부르는 굉장한 붕괴의 결과로 어떤 변화가 진행 중인 것 같습니다. 아마도 그런 것 같습니다. [그러나] 확실치는 않습니다. 우선 새로운 종류의 당기구(Parteiapparaten)의 싹이 나타났습니다. 첫번째로는 아마추어기구(Amateurapparate)

가 있었습니다. 특히 흔히 여러 대학의 학생들이 그 일례(一例)입니다. 그들은 자기들이 지도자 자질을 인정하는 사람에게, 우리들은 당신에게 꼭 해야 하는 일을 맡기고자 하니 그 일을 행해주십시오라고 말합니다. 두 번째로는 사업가들의 기구가 있었습니다. 지도자 자질이 있다고 인정되는 인사에게 가서는, 한 표마다 일정한 금액을 주는 식으로 선거운동을 떠맡겠다고 사람들이 간청한 일이 일어났습니다. 내가 이들 두 기구 중 어느 것을 순수하게 기술적-정치적인 관점에서 더 신뢰하겠느냐고 여러분들이 나에게 솔직하게 물으신다면, 나는 후자(後者)를 택할 것이라고 생각합니다. 그러나 그 두 기구는 갑작스럽게 떠올랐다가 급속히 다시 사라져버린 물거품이었습니다. 기존의 기구들은 구성이 바뀌었습니다만, 활동을 계속하였습니다. 그 현상들[앞서 말한 두 현상]은 만일 지도자만 있다면 새로운 기구들이 틀림없이 나타날 것이라는 사실에 대한 하나의 징조(徵兆)에 지나지 않았습니다. 그러나 비례선거법의 기술적인 특성 때문에만도 지도자들의 출현이 불가능하게 되었습니다. 두서너 명의 거리의 독재자(Diktatoren der Straße)가 나타났다가 다시 몰락했을 뿐입니다. 거리독재정치(Straßendiktatur)의 추종자들만이 엄격한 규율 속에 조직되어 있습니다. 이 사라져 가는 소수파의 힘은 거기서 나오고 있습니다.

사정이 달라졌다는 것을 우리들이 인정한다면, 앞서 말한 것에 따라서 다음과 같은 점을 분명하게 인식해야 합니다. 즉 국민투표에 의한 지도자가 정당을 이끌어나가면, 추종자는 '넋을 잃게' 되고 정신적으로는 프롤레타리아화된다고 말할 수 있다는 점입니다.

다. 지도자에게 기구로서 쓸모 있기 위해서는 추종자는 맹목적으로 복종해야 합니다. 즉 명망가들의 허영심에 의해서도 또 〔일부의 사람들이〕 독자적인 견해를 주장하는 것에 의해서도 방해를 받지 않는, 미국적인 의미에서의 머신이 되지 않으면 안 됩니다. 링컨의 당선은 정당조직의 이러한 성격에 의해서만 가능한 것이었으며, 글래드스톤의 경우에는 이미 언급한 바와 같이 똑같은 일이 코커스에서 일어났습니다. 바로 이것이 지도자에 의한 지도(指導)에 지불하는 대가(代價)인 것입니다. 그러나 〔다음의 둘 중 어느 하나의〕 선택밖에 없습니다. 즉 '머신'을 수반하는 지도자민주정치를 택할 것인가 아니면 지도자 없는 민주정치, 다시 말해서 소명이 없는, 〔요컨대〕 지도자로 만들어주는 내적인 카리스마적 자질이 없는 '직업정치가'의 지배를 택할 것인가 하는 선택밖에 없습니다. 그런데 이것〔후자의 경우〕은 그때 그때마다의 당내의 반대파가 보통 '도당(徒黨)'의 지배라고 부르는 것을 뜻합니다. 당분간 독일에는 이 후자(後者)밖에 없습니다. 그리고 장래에도 이러한 상태는 적어도 독일제국에서는 다음의 두 가지 사실로부터 비호(庇護)를 받아 계속될 것입니다. 첫째로는 아마도 연방참사원이 부활해서 제국의회가 갖고 있는 힘과 아울러 지도자선출장소로서의 그 의의(意義)를 반드시 제한할 것이라는 사실로부터이며, 그 다음으로는 지금과 같은 형태를 취하고 있는 비례선거법으로부터입니다. 〔그런데〕이 비례선거법은 지도자 없는 민주정치의 전형적인 하나의 현상입니다. 그 이유는 비례선거법은 임명을 둘러싼 명망가들의 타협〔정치적 흥정〕을 조장하기 때문만이 아니라, 나중에는 이해관계자단체〔이익집단〕들에게 다음과 같은 가능성, 즉 자기 직원들을 입후보자명단에 포함시키도록 정당에 강요해서〔결국은〕진정한 지도자가 자리잡지 못하는 비(非)정치적인 의회를 만들어낼 가능성을 주기 때문이기도 합니다. 대통령이 의회에 의해서 선출되는 것이 아니라 국민투표에 의해서 선출된다면, 그는 지도자에 대한 욕구의 유일한 안전판이 될 수 있을 것입니다. 특히 다음과 같은 경우에는 지도자가 일의 시험〔검증〕(Arbeitsbewährung)을 기초로 해서 출현할 수 있고 또 선출될 수 있을 것입니다. 즉 합중국에서는 부패와 진지하게 대결하고자 한 곳에서는 어디서나 그러했던 바와 같이, 큰 자치단체에서 국민투표로 선출된 시장이 자기 관청을 자주적으로 구성할 권리를 갖고 등장할 경우입니다. 이것은 그러한 선거를 목표로 편성된 당조직을 발생시킬 것입니다. 그러나 특히 사회민주당도 포함해서 모든 정당이 갖고 있는, 지도자에 대한 전적으로 소시민적인 적대감(die durchaus kleinbürgerliche Führerfeindschaft)이 정당들의 장래의 형성양식과 아울러〔방금 지적한〕그 모든 가능성을 아직도 완전히 오리무중으로 만들고 있습니다.

그러므로 '직업'으로서의 정치의 경영이 외적으로 어떤 형태를 취할지는 오늘도 아직은 결코 내다볼 수 없습니다. 이 때문에, 정치에 재능이 있는 사람들에게 만족할 만한 정치과제가 주어질 가능성이 어떤 방식으로 나타날 것인가에 대해서는 더욱 내다볼 수 없습니다. 재산사정 때문에 어쩔 수 없이 정치에 '의해서(von)' 생활해야 하는 사람에게는 언제나 다음과 같은 것 중에서 양자택일하는 것이 문제가 될 것입니다. 즉 전형적인 직행길로서 저널리스트나 정당관료의 지위를 택할 것이냐, 아니면 노동조합, 상업회의소, 농업회의소, 수공업회의소, 노동회의소, 고용주 단체 등등에서의 이익대표자직(利益代表者職)이나 지방자치단체에서의 적당한 지위를 택할 것이냐가 문제가 될 것입니다. 이 외적인 측면에 대해서는 다음과 같은 것 이외에는 더 이상 말할 것이 없습니다. 즉 저널리스트와 더불어 정당관료는 '낙오자(Deklassiertheit)'라는 멸시를 받는다는 것입니다. 비록 공공연하게는 표현되지 않지만, 저기서는 '임금문필가(賃金文筆家)', 여기서는 '임금연설가(賃金演說家)'라는 말이 유감스럽게도 항상 그의 귀에서 울릴 것입니다. 이런 말에 대해 내적인 방비(防備)가 없고 자기 자신에게 올바른 대답을 줄 수 없는 사람은 이러한 인생경로를 멀리하는 게 좋습니다. 왜냐하면 이 인생경로는 어쨌든 견디기 힘든 유혹 이외에도 끊임없는 실망을 가져다 줄 수 있는 길이기 때문입니다.

그러면 이 인생경로는 어떤 내적인 즐거움을 줄 수 있을까요? 그리고 또 그 길에 들어서는 사람에게는 어떤 인격적인 예비조건들이 전제로서 필요할까요?

그런데 그것이 주는 것은 무엇보다도 먼저 권력감정(Machtgefühl)입니다. 사람들에게 영향력을 갖고 있다는 의식(意識), 사람들을 지배하는 권력에 참여하고 있다는 의식, 그러나 무엇보다도 역사적으로 중요한 사건의 신경의 줄 하나를 손에 쥐고 있다는 감정이 형식상으로는 보잘것없는 지위에 있는 경우에도 직업정치가로 하여금 일상생활을 초극(超克)하게 할 수 있습니다. 그러나 이제 그에게는 다음과 같은 문제가 있습니다. 즉 그는 어떤 자질을 갖추어야 이 권력(비록 각각의 경우에는 매우 좁게 한정된 권력이라 하더라도)과 요컨대 이 권력이 그에게 부과하는 책임을 감당할 수 있다고 생각하느냐 하는 것입니다. 이로 말미암아 우리는 윤리문제의 영역에 발을 들여놓게 됩니다. 왜냐하면 역사의 수레바퀴의 살 속에 손을 집어넣을 권리를 얻기 위해서는 그가 어떠한 인간이어야 하는가라는 문제는 윤리문제의 영역에 속하기 때문입니다.

정치가에게는 세 개의 자질, 즉 정열(Leidenschaft), 책임감(Verantwortungsgefühl), 목측능력(目測能力, Augenmaß)이 특히 결정적이라고 말할 수 있습니다. 정열이란 **즉물성**(卽物性, Sachlichkeit)이라는 의미에서의 정열로 '대의(大義)'에 대한 정열적인 헌신, 대의의 주재자(主宰者)인 신이나 데몬(Dämon)에의 정열적인 헌신을 말합니다. 이것은 특히 러시아 지식인들 중 일정한 유형(결코 그들 모두가 아닙니다!)에게 특유했던 것과 같은 저 내적 태도—나의 죽은 친구 게오르크 짐멜[46]은 이것을 곧잘 '불모(不毛)의 흥분(sterile Aufgeregtheit)'이라고 불렀습니다만—라는 의미에서의 정열이 아닙니다. 또 '혁명'이라는 자랑스러운 명칭으로 장식되고 있는 이 광란제(Karneval) 속에서 현재 우리 나라 지식인들한테서도 꽤 큰 역할을 하고 있는 저 내적 태도를 뜻하는 것도 아닙니다. 다시 말해서, 일체의 실질적인 책임감을 결여한 채 공허 속으로

---

[46] 게오르크 짐멜(Georg Simmel, 1858~1918): 독일의 철학자, 사회학자. 신칸트학파의 방법을 원용하여 오귀스트 콩트(Auguste Comte)식의 종합사회학을 반대하고 형식사회학을 주창하였다.

달려가는 '지적 호기심을 지닌 자의 낭만주의(Romantik des intellektuell Interessanten)'를 뜻하는 것이 아닙니다. 왜냐하면 아무리 순수하게 느껴진 정열이라 할지라도, 단순한 정열로는 물론 안 되기 때문입니다. 만일 '대의'에 헌신하는 것으로서의 정열이 또한 바로 이 대의에 대한 **책임**도 행위의 결정적인 인도(引導)의 별〔목표〕(entscheidenden Leitstern des Handelns)로 삼지 않는다면, 그러한 정열은 〔사람을〕 정치가로 만들지 못합니다. 그러므로 이것에 덧붙여서 목측능력—이것은 정치가의 결정적인 심리적 자질입니다만—이 필요합니다. 목측능력이란 내적인 집중력과 평정함을 갖고서 현실로 하여금 자기 자신에게 영향을 미치도록 하는 능력, 요컨대 사물과 인간에 대해 **거리를 두는 것**입니다. '거리상실(Distanzlosigkeit)'은 그 자체만으로도 모든 정치가에게는 큰 죄 중의 하나이며, 또한 만일 우리 나라의 젊은 지식인들에게서 그것이 배양(培養)되면 그들이 정치적으로 무능력해질 수밖에 없는 그러한 성질의 것 중의 하나입니다. 왜냐하면 문제는 바로 어떻게 하면 뜨거운 정열과 냉철한 목측능력이 동일한 정신 속에 함께 자리 잡도록 할 수 있는가라는 것이기 때문입니다. 정치는 머리로 하는 것이지, 육체나 정신의 다른 부분으로 하는 것이 아닙니다. 그렇지만 정치에의 헌신이 경박한 지적 유희가 아니라 인간적으로 진지한 행위여야 한다면, 그것은 오로지 정열로부터만 생겨날 수 있고 또 정열로부터만 자양분을 얻을 수 있습니다. 그러나 정열적인 정치가를 눈에 띄게 하고 또 그를 '불모(不毛)의 흥분에 휩싸이는' 단순한 정치아마추어와 구분케 하는 정신의 저 강력한 제어〔자기

정신을 강력하게 제어할 수 있는 능력]는 오직 거리를 두는 습관—말의 모든 의미에서의—에 의해서만 가능합니다. 정치적인 '인격〔개성〕(Persönlichkeit)'이 '강하다'는 것은 무엇보다도 먼저 이러한 자질을 갖고 있다는 것을 뜻합니다.

그러므로 정치가는 매일 매순간 매우 경박하고 너무나도 인간적인 하나의 적(敵)을 마음속에서 극복하지 않으면 안 되는데, 그것은 바로 아주 세속적인 **허영심**(Eitelkeit)입니다. 이것은 대의(大義)에의 모든 헌신 및 모든 거리—이 경우에는 자기 자신에 대한 거리입니다만—와는 불구대천의 원수입니다.

허영심이란 대단히 널리 퍼져 있는 하나의 성질로서 이것이 전혀 없는 사람은 아마 아무도 없을 것입니다. 그리고 대학사회와 학자사회에서는 그것은 일종의 직업병입니다. 그러나 바로 학자의 경우에는 그것이 아무리 혐오스럽게 나타나고 있다 하더라도, 보통은 학문활동에 방해가 되지 않는다는 의미에서 비교적 해(害)가 없습니다. 〔그러나〕 정치가의 경우에는 전혀 다릅니다. 그는 **권력**(Macht)를 불가피한 수단으로 추구하면서 활동합니다. 그러므로—사람들이 흔히 말하는 바와 같은—'권력본능(Machtinstinkt)'은 사실 그의 정상적인 자질 중의 하나입니다. 그러나 이 권력추구가 전적으로 '대의'에 봉사하는 것이 아니라, **객관성을 잃고서**(unsachlich) 순전히 개인적인 자기도취의 대상이 되는 곳에서는 그의 직업의 신성한 정신에 위배되는 죄악(罪惡)이 시작됩니다. 왜냐하면 정치 영역에는 결국 두 가지 종류의 큰 죄만이 있기 때문입니다. 그 두 가지는 객관성의 결여(Unsachlichkeit)와—항상 그렇지는 않습니다만, 흔히 이와 동일시하는 — 무책임(Verantwortungslosigkeit) 입니다. 허영심은 자기를 될 수 있는 대로 뚜렷하게 돋보이게 하고자 하는 욕망인데, 이것이 정치가를 가장 유혹해서 두 큰 죄 중의 어느 하나를, 아니면 그 둘 모두를 범하게 합니다. 데마고그는 '효과'에 의지하지 않을 수 없기 때문에, 한층 더 그러합니다. 바로 이 때문에 그는 항상 배우가 될 위험 속에 있을 뿐만 아니라, 자기 행동의 결과에 대한 책임을 가볍게 생각하면서 자기가 주는 '인상(印象)'만을 문제 삼을 위험 속에 있습니다. 그의 객관성의 결여(Unsachlichkeit)는 그로 하여금 실제적인 권력보다는 권력의 화려한 외면(外面)을 추구하도록 부추깁니다. 그리고 그의 무책임은 그로 하여금 실질적인 목적도 없이 권력을 다만 권력 자체를 위해서 향유(享有)하도록 부추깁니다. 왜냐하면 권력이 모든 정치의 불가피한 수단이며 따라서 권력추구가 그 원동력의 하나임에도 불구하고 아니 오히려 바로 그렇기 **때문에**, 벼락부자처럼 권력을 갖고서 호언장담을 한다든가, 권력을 지녔다는 생각에서 우쭐대며 자기도취되는 것보다, 일반적으로 말해서 권력 그 자체를 숭배하는 모든 일보다 더 위험한 정치권력의 희화(戱畵)는 없기 때문입니다. 한낱 '힘의 정치가(Machtpolitiker)'에 불과한 사람이라도 — 우리 나라에서도 그런 사람을 열심히 숭배해서 신성화하려고 애쓰고 있습니다만 — 강력한 영향을 미칠 수는 있습니다. 그러나 그의 영향은 사실 공허하고 무의미한 것으로 끝납니다. 이 점에서는 '힘의 정치(Machtpolitik)'에 대한 비판가들이 전적으로 옳습니다. 그러한 신조〔태도〕를 지닌 전형적인 인물들이 갑자기 내적으로 좌절하는 것을 볼 때, 이 우쭐대는 그러나 완전히 공허한 제스처 뒤에 어떤 내적인 허약함과 무력함이 숨어 있는지를 우리는 감 잡을 수 있었습니다. 이러한 제스처는 인간행위의 **의미**에 대한 지극히 보잘것없고도 천박한 무감각(無感覺)의 산물입니다. 〔다시 말해서〕 모든 행위, 그러나 특히 정치행위가 실로 비극(悲劇)과 얽혀 있다는 것을 안다는 사실과는 결코 아무런 친화성(親和性)도 없는 무감각의 산물입니다.

정치행위의 최종적인 결과가 종종, 아니 바로 보통은 그 행위의 본래의 의미와는 전혀 부합되지 않은 관계, 〔심지어는〕 자주 바로 역설적인 관계에 있다는 것이 전적으로 진실이며 또 모든 역사의 근본적인 사실 — 지금 여기서 더 자세히 증명할 필요가 없는 — 입니다. 그러나 바로 그렇기 때문에, 만일 행위가 내적인 근거를 지녀야 한다면, 이 의미, 즉 어느 한 대의(大義)에의 헌신이 없어서는 안 될 것입니다. 정치가가 권력을 추구하고 또 권력을 사용하는 것은 대의에 헌신하기 위함인데, 이 대의가 어떤 모습을 해야 하는가는 〔각자의 개인적인〕 신앙의 문제입니다. 정치가가 헌신하는 목표는 민족적인 것이거나 인류적인 것일 수 있고, 사회적 및 윤리적인 것이거나 문화적인 것일 수 있으며 또 세속적인 것이거나 종교적인 것일 수 있습니다. 〔아울러〕 그는 '진보' — 어떤 의미의 진보이든 상관없습니다 — 에 대한 강력한 신앙에 의해 떠받쳐질 수도 있고, 아니면 이런 종류의 신앙을 냉정하게 거부할 수도 있습니다. 그는 어떤 '이념'에 헌신할 것을 〔사람들에게〕 요구할 수도 있고, 또 아니면 이런 요구를 원칙적으로 거부하면서 일상생활의 외면적인 목표에 헌신할 수도 있습니다. 어쨌든 언제나 어떤 신앙이 **있지** 않으면 안 됩니다. 그렇지 않으면, 실로—이 말은 전적으로 옳습니다만—피조물(被造物)의 무가치함이라는 저주(der Fluch kreatürlicher Nichtigkeit)가 외면적으로는 지극히 강력한 정치적 성과에도 내려집니다.

위에서 말한 바에 의해서 우리들은 어느덧 오늘 저녁 우리와 관계되는 마지막 문제, 즉 '대의'로서의 정치의 **에토스**(Ethos)라는 문제를 논의하게 되었습니다. 정치 그 자체는 그것이 추구하는 목표와는 전혀 상관없이 생활영역의 전체적인 윤리체계 속에서 어떤 사명을 완수할 수 있을까요? 말하자면 정치가 고향으로 삼고 있는 윤리의 장소는 어디입니까? 그곳에서는 확실히 결국 [사람이] 그 중에서 **선택하지** 않을 수 없는 궁극적인 세계관들이 서로 충돌하고 있습니다. 요즈음 다시—내가 보기에는 매우 그릇된 방식으로—제기되고 있는 이 문제에 과감하게 접근해봅시다.

우리는 그러나 무엇보다도 우선 [이 문제에 대한] 지극히 상투적인 왜곡으로부터 벗어날 필요가 있습니다. 왜냐하면 우선 윤리는 도덕상 지극히 불운한 역할을 하면서 나타날 수도 있기 때문입니다. 예를 들어봅시다. 한 남자의 사랑이 한 여성을 저버리고 다른 여성에게 향했을 경우, 그는 그녀가 자기의 사랑을 받을 가치가 없다거나 또는 그녀가 자기에게 환멸을 느끼게 했다거나 또 아니면 이와 비슷한 '이유'는 얼마든지 더 있다고 말함으로써, 자기 자신에 대해 그 일을 정당화시킬 필요를 느끼는 경우를 여러분은 흔히 볼 것입니다. 그가 그녀를 더 이상 사랑하지 않으며 그녀는 이것을 참고 견디지 않으면 안 된다는 사실이 있는 그대로의 운명인데, 이 운명에 대하여 참으로 기사(騎士)답지 않게 어떤 '정당성'을 멋대로 갖다 붙여서 자기에게는 옳음을 요구하고 그녀에게는 불행에다가 더욱이 부당한 것까지도 뒤집어씌우려고 한다는 것은 기사도에 어긋나는 짓입니다. 사랑싸움에서 승리한 경쟁자가 '상대편은 나보다 더 가치 없는 자임에 틀림없다. 그렇지 않고서야 질 리가 없다'라고 말한다면, 그도 [앞서 말한 남자와] 완전히 똑같이 행동하는 것입니다. 그러나 어떤 승리를 거둔 후에 승리자가 '내가 이긴 것은 내가 옳았기 때문입니다'라고 품위 없이 독선적으로 주장하는 것도 물론 이와 전혀 다를 바 없습니다. 또는 누군가가 전쟁의 잔혹함을 보고 정신적으로 좌절하고서는, '정말 너무했다'고 말하지 않고 '내가 도덕적으로 나쁜 대의를 위해 싸우지 않으면 안 되었기 때문에 그것을 견딜 수 없었다'고 생각하면서 기분을 바꾼 다음, 이제는 전쟁에 지쳤다는 것을 자기 자신에게 정당화할 필요를 느끼는 경우도 [앞의 경우와] 다를 바 없습니다. 그리고 전쟁에 패한 자의 경우도 마찬가지입니다. 남성적이며 근엄한 태도를 지닌 사람이라면 누구나, 전쟁이 끝난 다음 노파(老婆)들처럼 '죄 지은 자(Schuldigen)' [책임자]를 찾지 않고 — 사실 사회구조가 전쟁을 발생시켰다 하더라도 — 적(敵)에게 다음과 같이 말할 것입니다: "우리는 전쟁에 졌습니다. 그대들이 이겼습니다. 그것은 이제 끝났습니다. 그러니 이제는 문제가 되었던 **객관적인** [물질적인] 이해관계에 알맞게 또 — 이 점이 중요합니다만 — 특히 승리자에게 지워지는 **미래**에 대한 책임을 고려하면서 어떤 결론을 끌어내야 할 것인가에 대해서 논의해봅시다." 이 말 이외의 모든 말은 품위가 없으며 또 보복을 받게 됩니다. 국민은 자신들의 이익이 침해받는 것은 용서합니다만, 자신들의 명예가 침해받는 것, 특히 승려풍의〔설교조의〕독선에 의해서 그렇게 되는 것은 용서하지 않습니다. 전쟁은 종전(終戰)과 더불어 적어도 **도덕적으로는** 묻어둘 만도 한데, 그렇지 못하고 몇십 년 후에 공개되는 새로운 문서마다 모두가 점잖지 못한 비명과 증오, 분노를 다시 불러일으키고 있습니다. 이것〔전쟁을 묻어버리는 것〕은 몰주관성과 기사도정신, 특히 품위(Würde)를 지님으로써만 가능합니다. 그러므로 그것은 실로 양쪽 모두에게 품위가 없음을 보여주는 '윤리'에 의해서는 결코 가능하지 않습니다. 이러한 윤리는 정치가에게 관계되는 문제, 즉 미래와 그 미래에 대한 책임에 관심 갖는 것이 아니라, 과거의 죄과(罪過)라고 하는 정치적으로는 비생산적인ㅡ해결할 수 없는 문제이기 때문에ㅡ문제를 상대합니다. 만약 정치적인 죄과(罪過)라는 것이 있다고 한다면,〔바로〕**이런 짓**을 행하는 것이야말로 그것입니다. 그리고 그런 짓을 하는 것은 더구나 문제 전체가ㅡ승리자는 가능한 한 최대한으로 정신적 및 물질적인 이익을 취하려 하고, 패배자는〔자신의〕죄과(罪過)를 인정함으로써 이익을 얻으려고 하는ㅡ지극히 물질적인 이해관계에 의해서 불가피하게 왜곡된다는 것을 간과하는 행동입니다. 가령〔이 세상에〕그 어떤 **'비열한'** 것이 있다면, 그것은 바로 이것입니다. 그리고 이것은 '윤리'를 '항상 자신이 옳기' 위한 수단으로 이런 식으로 이용하는 데서 나오는 결과입니다.

그러면 **윤리**와 **정치** 간의 진정한 관계는 도대체 어떤 것입니까? 사람들이 때때로 말해온 바와 같이, 그것들은 서로 아무런 관계도 없을까요? 아니면 반대로 정치행위와 그 밖의 모든 행위에 대해서도 '동일한(dieselbe)' 윤리가 적용된다는 것이 옳은가요? 이 두 주장 사이에는 전자(前者)가 옳든지 그렇지 않으면 후자(後者)가 옳든지 하는 배타적인 양자택일이 존재한다고 사람들은 때때로 믿어왔습니다. 그러나 연애관계, 거래관계, 가족관계, 공적인 관계에 대해서도 또 아내, 야채장수 아줌마, 자식, 경쟁자, 친구, 피고(被告)와의 〔한 인간의〕 관계에 대해서도 내용상 **똑같은**(gleichen) 명령이 이 세상의 어떤 윤리에 의해서 내려질 수 있다는 것은 과연 정말일까요? 정치에서 윤리를 요구하기 위해서라면, 정치가 권력—이 배후에는 **폭력**이 있습니다—이라는 매우 특수한 수단을 갖고서 움직인다는 사실이 정말 중요하지 않을까요? 〔그렇지만〕 우리들은 볼셰비키와 스파르타쿠스단[47]의 이데올로그들(ideologen)도 정치의 이러한 수단을 사용하고 있기 때문에 그 어떤 군국주의 독재자와 **똑같은** 결과를 초래하고 있다는 것을 보고 있지 않습니

---

47 스파르타쿠스단(Spartakusbund) : 독일공산당의 전신(前身). 제1차 세계대전 발발 후, 칼 리프크네히트(Karl Liebknecht)와 로자 룩셈부르크(Rosa Luxemburg) 등은 사회민주당간부의 전쟁지지정책에 반대하고 반(反)전쟁 계급투쟁과 사회주의혁명을 주장하면서 비합법운동을 전개하였다. 1916년에는 '스파르타쿠스'라는 제목의 비합법적인 신문을 발간하였는데, 이 이름 때문에 이들은 스파르타쿠스단(團)이라고 불렸다. 1918년 11월의 무장봉기를 주도하였으나 진압되었으며 이듬해 둘 다 피살당하였다.

까? 노병평의회(勞兵評議會)[48]의 지배는 바로 그 권력을 소유하고 있는 인물들이 다르다는 점과 또 그들이 아마추어라는 점 이외에 그 무엇에 의해서 구체제의 어느 한 임의(任意)의 권력자의 지배와 구별이 된단 말입니까? 소위 새로운 윤리의 대부분의 옹호자들 자신이 그들로부터 비판받는 적(敵)들에 대해 행하는 논박은 그 어떤 다른 데마고그들의 논박과 무엇에 의해서 구별이 된단 말입니까? 고귀한 의도에 의해서(durch die edle Absicht)!라고 말씀하실 것입니다. 좋습니다. 그러나 여기서 문제가 되는 것은 바로 수단입니다. 〔그들로부터〕 공격받는 적들도 마찬가지로 자신들의 궁극적인 의도가 고귀하다는 것을 주관적으로는 완전히 솔직하게 요구하고 있기 때문입니다. '칼을 쓰는 사람은 칼로 망하느니라' 이며, 투쟁은 어디에서나 투쟁입니다. 그렇다면 **산상수훈**(山上垂訓)의 윤리는 어떨까요? 산상수훈 — 나는 이것이 복음서의 절대윤리를 뜻한다고 생각합니다만 — 은 오늘날 이 계명을 즐겨 인용하는 사람들이 생각하고 있는 것보다 더 진지한 것입니다. 이것을 갖고서 농담해

---

48 노병평의회(Arbeiter-und Soldatenrat) : 1918년 11월 초 킬(Kiel) 군항(軍港)의 수병(水兵) 폭동사건이 발생하였는데, 이를 계기로 독일 각지에서 봉기가 일어났다. 뮌헨과 베를린에서는 총파업이 발생하였고 독일 각지(各地)에는 러시아혁명의 예(例)에 따른 노병평의회가 구성되었다. 뮌헨에는 노병평의회 정부가 일시적으로 수립되기도 하였다.

49 무우주론(Akosmismus) : 세계 또는 우주를 신이나 자아의 일시적인 현시(顯示)로 보는 우주관으로, 무세계론(無世界論)이라고도 한다. 헤겔이 스피노자(Spinoza)의 범신론적 우주관을 이렇게 명명(命名)한 데서 비롯된다. 우파니샤드, 불교의 선(禪), 회교의 시아(Shiah)파 등의 범신론적 신비주의가 이에 속한다.

서는 안 됩니다. 과학에서의 인과관계에 대해 사람들이 해온 말, 즉 인과관계는 마음대로 타고 내리기 위해 임의로 멈추게 할 수 있는 삯마차가 아니라는 말은 산상수훈의 윤리에 대해서도 해당됩니다. 만약 진부한 말 이외의 것이 나와야 한다면, 전부(全部) **아니면** 전무(全無), 바로 **이것**이 그 윤리의 의미입니다. 따라서 예를 들면 부유한 청년에 대해서는 '그 젊은이는 재산이 많았기 때문에, 이 말씀을 듣고 풀이 죽어 떠나갔다'라고 적혀 있습니다. 복음서(福音書)의 명령은 무조건적이며 명백합니다. 즉 그대가 가지고 있는 것을 — **전부**를 솔직하게 — 내놓아라입니다. 정치가라면 '**모든 사람**에 대해서 실시되지 않는 한, 그 명령은 사회적으로 무의미하고 부당한 요구'라고 말할 것입니다. 따라서 정치가는 과세, 징발, 몰수〔에 의한 소유권의 폐지〕— 한마디로 말해서 **모든 사람**에 대한 강제와 질서 — 를 제안할 것입니다. 그러나 윤리적인 명령은 그러한 것을 **결코** 문제 삼지 **않습니다**. 이 점이〔바로〕그 명령의 본질입니다. 또는〔누가 오른뺨을 치거든〕'왼뺨마저 돌려 대라'〔는 예를 들어봅시다〕: 이 명령은 다른 사람에게 어떻게 해서 때릴 자격이 있는지를 묻지 않고, 무조건 뺨을 돌리라는 것입니다. 성인(聖人) 이외의 사람에게는 그것은 모욕의 윤리입니다.〔그렇지만 사실은〕바로 이것입니다: 사람은 **모든 점**에서 적어도 의욕상(意欲上)으로는 성인이지 않으면 안 되며, 예수, 사도(使徒), 성(聖)프란체스코 및 그와 같은 사람들처럼 살지 않으면 안 된다는 것입니다. **그렇다면** 이 윤리는 의미 깊은 것이 되고 존엄을 나타내는 것이 됩니다. **그렇지 않으면 그 윤리는 의미가 없습니다.** 왜냐하면 무우주론적(無宇宙

論的)[49]인 사랑의 윤리의 귀결은 '악에는 힘으로 대항하지 말라' 이지만, 반대로 정치가에게는 '악에는 힘으로 대항**할지어다**. 그렇지 않으면 그대는 악의 증대에 책임이 있느니라' 라는 명제가 타당하기 때문입니다. 복음서의 윤리에 따라 행동하고자 하는 사람은 동맹파업을 집어치우고—왜냐하면 동맹파업은 강제이기 때문입니다—어용노조에 가입하십시오. 그리고 무엇보다도 '혁명'을 운운해서는 안 됩니다. 왜냐하면 그 윤리의 목적은 사실 내란(內亂)이야말로 유일하게 정당한 전쟁이라고 가르치는 것이 아니기 때문입니다. 복음서에 따라서 행동하는 평화주의자는 무기를 들 것을 거부하거나 던져버릴 것입니다. 독일에서는 이 전쟁을 끝장내는 동시에 모든 전쟁을 끝장내기 위한 윤리적 의무로서 이것이 권장되었습니다. 정치가라면, **가까운** 장래에 전쟁을 불신(不信)케 할 유일하게 확실한 수단은 현상유지에 기초한 강화(講和, Statusquo-Friede)였을 거라고 말할 것입니다. 그렇게 되면, 국민들은 이 전쟁이 무엇을 위한 것이었냐고 곰곰이 생각했을 것입니다. 〔그러면〕 전쟁이 불합리하다는 것이 논증되었을 것입니다. 그러나 이런 일은 이제 불가능합니다. 왜냐하면 승리자에게는—적어도 그들 중 일부에게는—전쟁이 정치적으로 이익을 주었을 것이기 때문입니다. 그리고 이렇게 된 데에는 우리들로 하여금 어떠한 저항도 불가능하게 만든 저 태도에 책임이 있습니다. 그러나 곧—피폐(疲弊)의 시기가 지나가면—절대윤리의 한 결과로서 전쟁이 아니라 강화(講和)가 불신받을 것입니다.

마지막으로 진리의무가 있습니다. 절대윤리의 관점에서는 그것 역시 무조건적입니다. 따라서 사람들은 다음과 같은 결론을 이끌어냈습니다. 즉 일체의 문서, 특히 자국(自國)에 불리한 문서를 공개하고, 이 일방적인 공개에 의거해서 일방적으로, 무조건적으로 또 결과를 고려치 않고 죄과(罪過)를 고백한다는 것이 그것입니다. 정치가라면 알 것입니다만, 결국 진리는 그렇게 해서는 촉진되지 않으며 오히려 정열의 남용과 폭발로 말미암아 그것은 확실하게 가려집니다. 또 공평무사한 사람들에 의한 전면적이고 계획적인 확인만이 성과를 거둘 수 있으며, 이와 같이 처리하는 국민에게는 그 밖의 어떤 방법도 몇십 년간은 회복될 수 없는 결과를 줄지 모른다는 사실은 정치가라면 누구나 알 것입니다. 그런데 바로 절대윤리는 '결과'를 **묻지**(fragt) 않습니다.

**여기에** 결정적인 점이 있습니다. 윤리에 따라서 지향된 모든 행위가 서로 근본적으로 다르고, 중재(仲裁)할 수 없을 정도로 대립된 두 원칙하에 있을 수 있다는 것을 우리는 분명하게 알아야 합니다. 즉 모든 행위는 '신념윤리에 따라서(gesinnungsethisch)' 지향될 수 있거나, 아니면 '책임윤리에 따라서(verantwortungsethisch)' 지향될 수 있습니다. 이 말은 신념윤리가 무책임(Verantwortungslosigkeit)과 똑같으며 책임윤리는 무신념(Gesinnungslosigkeit)과 똑같다는 것을 뜻하지 않습니다. 이것은 당연히 문제 밖의 일입니다. 그렇지만 사람이 신념윤리의 원칙에 따라서 —종교적으로 말하면, '기독교도는 올바르게 행할 뿐이며, 그 결과는 하나님에게 맡긴다' 〔는 식으로〕— 행동하느냐, **아니면**(oder) 자기 행위의 (예측할 수 있는) **결과**에 대해 책임을 져야 한다는 책임윤리의 원칙에 따라서 행동하느냐라는 이 두 태도 사이에는 한없이 깊은 대립이 있습니다. 신념윤리를 신봉하는 확고한 생디칼리스트[50]에게 '당신의 행동의 결과는 반동(反動)의 가능성을 증대시킬 것이며, 당신의 계급에 대한 탄압을 강화시켜서 당신의 계급이 상승하는 것을 저해할 것'이라고 여러분이 아무리 확신을 갖고서 설명하더라도, 이 말은 그에게는 아무런 감명도 주지 못할 것입니다. 순수한 신념에서 나오는 행위의 결과가 나쁠 경우, 생디칼리스트는 그렇게 된 책임을 행위자에게 돌리는 것이 아니라, 세계, 다른 사람들의 어리석음 또는 그 사람들을 그렇게 창조한 신(神)의 의지에 돌립니다. 이에 반해 책임윤리를 따르는 사람은 인간의 바로 저 평균적인 결점을 고려하며(왜냐하면 피히테(Fichte)가 올바르게 말한 바와 같이, 그는 인간의 선함과 완전함을 전제할 권리를 전혀 갖고 있지 않기 때문입니다), 또한 자기 행위의 결과를 예측할 수 있었던 한에서는 그 결과를 다른 사람들에게 떠넘길 수 없다고 생각합니다. 그는 '이런 결과가 된 것은 나의 행위 탓'이라고 말할 것입니다. 신념윤리를 따르는 사람이 '책임'을 느끼는 것은, 순수한 신념의 불꽃을 예를 들면, 사회질서의 부정(不正)에 대한 항의의 불꽃을 꺼지지 않도록 하는 일에 대해서뿐입니다. 그 불꽃을 항상 새로이 타오르게 하는 것이 그의 행동의 목적입니다만, 이러한 그

---

50  생디칼리스트(Syndicaliste) : 조합활동가. 생디칼리즘(Syndicalisme) : 생디카(Syndicat), 즉 조합을 자본주의사회에서의 투쟁의 주체로 삼고 또 무산자혁명(無産者革命) 이후의 미래사회에서의 기초조직으로 삼는 이론 및 운동. 19세기 말부터 프랑스, 이탈리아, 스페인 등 주로 라틴계국가에서 성행하였다.

의 행동은 일어날 수 있는 결과의 관점에서 판단해보면 완전히 비합리적인 행동입니다. 이것은 모범적인 가치밖에는 지닐 수 없고 또 그것만 지녀야 하는 행동입니다.

그러나 이것으로도 문제가 끝난 것은 아직 아닙니다. 이 세상의 어떤 윤리도 다음과 같은 사실을 피할 수 없습니다. 즉 '좋은' 목적을 달성하기 위해서는, 우리는 많은 경우 [한편으로는] 윤리적으로 의심스럽거나 적어도 위험한 수단을 감수하지 않으면 안 되며 또한 [다른 한편으로는] 나쁜 부수적인 결과가 일어날 가능성이나 개연성도 함께 감수하지 않으면 안 된다는 것입니다. 그리고 또한 이 세상의 어떤 윤리도 윤리적으로 좋은 목적이 윤리적으로 위험한 수단 및 부수적인 결과를 언제 어느 정도로 '신성화' [정당화]하는지는 밝혀줄 수 없습니다.

정치에서의 결정적인 수단은 강제력입니다. 그런데 윤리적으로 보아서 수단과 목적 간의 긴장의 정도가 얼마나 큰지는 다음과 같은 사실에서 추측할 수 있습니다. 즉 모든 사람이 알고 있는 바와 같이 혁명적인 사회주의자들(짐머발트파[51])은 이미 전쟁중에 [1914~18년] 다음과 같이 의미심장하게 표현될 수 있는 원칙을 공언하였습니다: "몇 년 더 전쟁이 계속된 다음 혁명이 일어나는 것

---

51 짐머발트파(Zimmerwalder Richtung) : 제1차 세계대전이 발발하자 1915년 9월 스위스의 짐머발트에서는 사회주의자들의 반전(反戰) 국제회의가 열렸는데, 이 회의를 짐머발트회의, 이 회의에 참석한 사회주의자들을 짐머발트파(派)라고 한다.

과 지금 강화(講和)를 하고 혁명이 일어나지 않는 것, 이 둘 중 어느 한쪽을 선택해야 한다면, 우리는 전쟁을 몇 년 더 계속하는 쪽을 택하겠다!" "이 혁명이 무엇을 가져올 수 있습니까?"라고 계속 묻는다면, 학문적인 훈련이 되어 있는 사회주의자라면 누구나 다음과 같이 대답했을 것입니다. 즉 사람들이 **그 나름**의 의미에서 사회주의적이라고 부를 수 있는 경제로의 이행은 〔당분간〕 문제되지 않기 때문에 그것을 말할 수는 없고, 오히려 부르주아경제가 바로 다시 성립하겠지만, 이 부르주아경제는 〔그래도〕 봉건적인 요소와 왕조의 잔재만은 떨쳐버릴 수 있을 것이라고 대답했을 것입니다. 따라서 이 대단치 않은 결과를 위해서 그들은 '몇 년 더 전쟁을' 받아들이겠다는 것입니다! 아무리 강력한 신념을 가진 사회주의자라도 그와 같은 수단을 요구하는 목적이라면 거부하지 않겠느냐고 여러분은 말씀하실지 모르겠습니다. 그러나 볼셰비즘과 스파르타쿠스주의의 경우에서나, 일반적으로는 그 어떤 종류의 혁명적 사회주의의 경우에서나 사정은 조금도 틀리지 않고 똑같습니다. 따라서 이쪽〔혁명적인 사회주의자들 쪽〕에서 구체제의 '힘의 정치가들'이 동일한 수단은 사용한다고 해서 그들을 **도덕적으로** 비난한다는 것은 ― 그들의 **목적**을 거부하는 것은 전적으로 옳다 하더라도 ― 당연히 지극히 가소로운 일입니다.

이 점에서는, 즉 목적에 의한 수단의 신성화(Heiligung der Mittel durch den Zweck)라는 이 문제에서는 신념윤리도 아무튼 좌절하지 않을 수 없는 것 같습니다. 사실 신념윤리에게는 논리상(logischerweise) 도덕적으로 위험한 수단을 사용하는 **일체의** 행위를 거부하는 것 이외에는 다른 가능성이 없습니다. 논리상으로는 그렇습니다. 물론 현실세계에서는 신념윤리를 따르는 자가 갑자기 천년왕국론[52]적인 예언자로 돌변하는 것을 우리들은 항상 새롭게 경험하고 있습니다. 예를 들면 이제 방금 '폭력에 반대하여 사랑'을 설교한 그 사람들이 다음 순간에는 폭력 — 모든 강제력을 끝장내는 상태를 초래할 **마지막** 폭력 — 을 호소하기도 합니다. 마치 우리 나라의 장교들이 공세(攻勢)를 취할 때마다 사병들에게 '이번이 마지막 공격이 될 것이다. 그것은 승리와 그 다음에는 평화를 가져다 줄 것'이라고 말한 것처럼 말입니다. 신념윤리를 따르는 사람은 세계의 윤리적 비합리성(die ethische Irrationalität der Welt)을 견디어내지 못합니다. 그는 우주론적-윤리적인 '합리주의자'입니다. 여러분들 중 도스토예프스키를 아시는 분은 누구나 대심문관(大審問官)이 나오는 장면을 기억할 것입니다. 이 문제가 거기서 적절하게 설명되고 있습니다. 신념윤리와 책임윤리를 타협시킨다는 것은 불가능합니다. 또 이 원칙[목적이 수단을 신성화한다는 원칙] 일반에게 그 어떤 양보를 한다 하더라도, 어떤 목적이 **어떤** 수단을 신성화해야 하는지를 윤리적으로 판결하는 것은 불가능합니다.

나 개인적으로는 그의 신념의 의심할 바 없는 순수성 때문에 인격적으로 높이 평가합니다만, 정치가로서는 물론 무조건적으로

---

[52] 천년왕국론(千年王國論, Chiliasmus) : 세계의 종말이 오기 전에 예수가 재림하여 이 세계를 다스린다는 밀레니움(Millennium), 즉 천년간의 지상낙원기에 관한 신학설(神學說).

거부하는 나의 동료 푀르스터⁵³는 그의 저서에서 선(善)으로부터는 선만이 나올 수 있고 악(惡)으로부터는 악만이 나올 수 있다는 단순한 명제에 의해서 이 어려움을 피할 수 있다고 믿고 있습니다. 그렇다면 이 문제제기 전체가 물론 존재하지 않을 것입니다. 그러나 우파니샤드(Upanischad)가 나온 지 2,500년이 지났는데도, 아직도 그러한 명제가 나올 수 있다는 것은 놀라운 일입니다. 세계사의 모든 진행뿐만 아니라 일상(日常)의 경험을 숨김없이 음미(吟味)해보더라도, 사실은 그 반대라는 것을 말해줍니다. 지상(地上)의 모든 종교의 발달은 사실 그 반대가 진실이라는 것에 기인하고 있습니다. 변신론(辯神論)⁵⁴의 대단히 오래된 문제는 바로 다음과 같은 질문입니다: 전능하며 동시에 자비롭다고 일컬어지는 힘이 어떻게 해서 부당한 고통과 처벌받지 않는 부정, 고칠 길 없는 우매함으로 가득 차 있는 이 비합리적인 세계를 창조할 수 있었는가? [이 문제에 대해서는] 그 힘이 전능하지 않거나 자비롭지 않다고 보거나 [전능함과 자비로움 중 그 어느 하나를 갖고 있지 않다고 보거나], 아니면 이와는 전혀 다른 보상 및 보복의 원리들 — 이것들이 우리가 형이상학적으로 해석할 수 있는 그런 것이든 또는 우리가 영원히 해석할 수 없는 그런 것이든 [어느 것이나 좋습니다] — 이 인생을

---

53 프리드리히 빌헬름 푀르스터(Friedrich Wilhelm Förster, 1869~?) : 독일의 철학자, 교육자. 제1차 세계대전 중에는 평화주의자로 활동하였다.
54 변신론(Theodizee) : 이 세계의 해악(害惡)의 존재가 신의 전능, 선(善), 정의와 모순되지 않는다는 것을 증명하고자 하는 것으로서 신의론(神義論), 신정론(神正論)이라고도 한다.

지배한다고 보고 있습니다. 이 문제, 즉 세계의 비합리성의 경험 이야말로 모든 종교발전의 원동력이었습니다. 인도의 업론(業論, Karmanlehre),[55] 페르시아의 이원론(二元論), 원죄설(原罪說),[56] 예정설(豫定說),[57] 숨겨진 신(der Deus absconditus)[58]은 모두 이러한 경험에서 나온 것입니다. 세계는 데몬(Dämon)들에 의해 지배되고 있다는 것 그리고 정치에 관계하는 사람, 다시 말해서 수단으로서의 권력과 강제력에 관계하는 사람은 악마적인 힘과 계약을 맺는다는 것 그리고 또한 그의 행위에 대해서 말할 것 같으면 선(善)으로부터는 선만이, 악(惡)으로부터는 악만이 나올 수 있다는 것은 진실이 **아니며** 오히려 종종 그 반대가 진실이라는 것은 고대(古代)의 기독교도들도 아주 잘 알고 있었습니다. 이것을 보지 못하는 사람은 실로 정치적으로는 어린아이입니다.

우리는 다양한 생활질서 속에 놓여 있으며, 이 각각의 생활질서는 서로 다른 법칙에 지배받고 있습니다. 〔그런데〕 종교윤리는

---

55 업론(Karmanlehre) : 카르마(Karma)란 원래는 단순한 행위를 뜻하였으나, 하나의 행위는 반드시 응보(應報)를 낳는다는 생각과 결합되어 윤회사상으로 진전되었다. 인도의 우파니샤드, 자이나교(Jainism), 불교 등은 각각 독자적인 업론(業論)이 있다.
56 원죄설(Erbsünde) : 인류의 원조 아담(Adam)의 죄 때문에 인간은 모두 태어날 때부터 죄를 타고난다는 기독교의 신학서.
57 예정설(Prädestinationslehre) : 이 세계의 일과 인간생활의 모든 일이 신에 의해 미리 규정되어 있어서 신의 의지에 완전히 지배되고 있다는 사상.
58 신이 인간과 세계에 대해 초월적인 창조자이며 또 절대타자(das ganz Andere)로서 숨겨져 있음을 가리킨다. 오토(R. Otto), 바르트(K. Barth) 등의 신학자들이 그 강력한 주창자이다.

이러한 사실과 여러 가지 방식으로 타협해왔습니다. 그리스의 다신교(多神敎)은 아프로디테(Aphrodité)에서도, 헤라(Hera)에게도, 디오니소스(Dionysos)에게도, 아폴론(Apollon)에게도 제물을 바쳤습니다만, 이들이 서로 자주 다투고 있다는 것을 알고 있었습니다. 힌두교의 생활질서는 서로 다른 각각의 직업을 다르마(Dharma)[59]라고 하는 특수한 윤리적 계율의 대상으로 삼았으며, 이 직업들을 카스트(Kaste)로서 서로간에 영원히 구분지었을 뿐만 아니라 이 직업들을 하나의 고정된 신분계급제도(Ranghierarchie) 속에 집어넣었습니다. 이 신분계급제도 속에서 태어난 사람은 내세(來世)에서 다시 태어나는 것 이외에는 거기서 빠져 나올 길이 없었습니다. [결국] 이렇게 해서 그 직업들은 최고의 종교적인 구제재(救濟財)와 [각각] 서로 다른 거리를 두게 되었습니다. 그리하여 힌두교의 생활질서는 고행자(苦行者) 및 브라만으로부터 도둑 및 창녀에 이르기까지 각 카스트마다의 다르마(Dharma)를 [각각의] 직업에 내재하는 고유한 법칙에 따라서 완성할 수 있었습니다. 그 생활질서 속에는 전쟁과 정치도 포함되어 있었습니다. 여러분은 바가바드기타(Bhagavadgîtâ)[60]에 있는 크리슈나(Krishna)[61]와 아르두

---

[59] 산스크리트(Sanskrit, 범어梵語)로서 중국학자들은 그 음을 따라 달마(達磨)라고 쓰고 그 뜻에 따라 법(法)이라고 옮겼다. 다르마란 처음에는 '지탱하고 있는 것', 말하자면 '자신을 자신 그대로 지니고 있으면서 모든 다른 것을 지탱하고 있는 것'을 뜻하였으며, 이것이 전개되어 '규칙, 관습, 질서'의 뜻으로 사용되고, 나아가서는 '그 자신은 그대로 있으면서 다른 모든 존재를 존재하게끔 하는 질서의 근거'를 뜻하는 말로 발전하였다.

나(Arduna)[62] 간의 대담을 읽어보면, 전쟁이 그 생활질서 전체 속에 편입되어 있었다는 것을 알 수 있습니다. '필요한' — 다시 말해서, 전사(戰士)카스트의 다르마와 이 카스트의 규칙에 따라서 의무가 되고 전쟁목적에 알맞은 사실상 필요한 — '일을 해라' 라고 되어 있습니다. 이 신앙에 따르면, 그것[전사의 의무를 수행하는 것은] 은 [그의 영혼의] 종교적 구제에 해를 끼치는 것이 아니라 오히려 그것에 도움이 됩니다. 옛날부터 인도의 전사(戰士)는 장렬하게 전사할 때 인드라(Indra)[63]의 천국에 간다고 확신하였는데, 이것은 게르만인이 발할(Walhall)[64]을 확신하였던 것과 같습니다. 그러나 게르만인이 천사들의 합창으로 둘러싸인 기독교의 천국을 경멸했을 만큼은 인도의 전사도 열반(涅槃, Nirvâna)을 경멸했을 것입니다. 윤리가 이처럼 특수화하였기 때문에, 인도의 윤리는 [정치라는] 왕

---

60   고대 인도의 범어족(梵語族)의 대서사시인 〈마하바라타(Mahabharata)〉의 제6권에 편입된 종교시. 보통 '신의 노래'라고 한다.
61   크리슈나(Krishna)는 인도의 영웅이며 성지자(聖知者). 천신(天神) 비슈누(Bisnu)의 화신(化身)이다. 비슈누는 대지(大地)를 악마의 손에서 다시 빼앗아 수호한 신으로, 3계(界)를 세 걸음으로 모두 달릴 수 있는 신이라고 한다. 서사시 〈마하바라타〉에서는 브리슈니 왕국의 왕자로 태어나 바라타(Bharata)족의 왕자 아르두나(Arduna) 편에 가담하여 전쟁에 참가하였다.
62   아르두나에 대해서는 역자 주 61을 참조할 것.
63   인드라(Indra)는 인도의 신. 인도의 고대경전인 베다(Veda)에서는 불의 신(Agni), 태양신(Surya)과 함께 3대 신(神)을 이루며, 바람의 힘을 대표하고 3대 신 중 최고의 신이다.
64   북유럽신화의 최고신 오딘(Odin)의 전당(殿堂)으로, 전사자(戰死者)의 영혼이 신의 시녀들의 섬김을 받으면서 향응을 받는다고 한다. 따라서 여기서는 전사자가 가는 천국을 뜻한다.

의 기술을 아주 고스란히 정치의 고유법칙에만 따라서 취급할 수 있었으며, 뿐만 아니라 그 기술로 하여금 정치〔정치의 질〕를 근본적으로 높이도록 할 수 있었습니다. 이 말의 통속적인 의미에서 진실로 철저한 '마키아벨리즘(Macchiavellismus)'은 인도의 문헌에서는 카우탈리야(Kautilya)의 아르타샤스트라(Arthashâstra)[65](이것은 서력기원(西曆紀元) 훨씬 전인 찬드라굽타(Chandragupta)시대에 나왔다고 합니다)에서 전형적으로 주장되고 있는데, 이에 비한다면 마키아벨리의 《군주론 Principe》은 〔오히려〕 순진합니다. 푀르스터 교수가 평소에 가까이 하는 가톨릭윤리에서는 잘 알려져 있는 바와 같이, '복음적 권고(consilia evangelica)'[66]가 신성한 삶이라는 카리스마를 부여받은 사람들을 위한 하나의 특별한 윤리입니다. 가톨릭윤리에는 피를 흘리는 것도 이익을 추구하는 것도 금지되어 있는 수도사(修道士)와 나란히 믿음이 깊은 기사(騎士)와 시민이 있는데, 전자(前者)〔기사〕에게는 피를 흘리는 것이, 후자(後者)〔시민〕에게는 이익을 추구하는 것이 허용되어 있습니다. 윤리에 등급을 매겨서 구제교의(救濟敎義)의 유기체 속에 삽입시키는 일은 인

---

65 고대 인도의 정치경전. 카우탈리야는 고대 인도 최초의 통일왕국인 마우리아(Maurya) 왕조의 창건자 찬드라굽타(B.C. 321~297 ?)의 재상이었으며 권모술수에 능한 경륜가의 대표자로 유명하다.
66 가톨릭교회에서는 계율과 복음적 권고를 구별하는데, 계율은 모든 신도를 구속하는 교회의 규칙인 반면에 복음적 권고는 특별히 선택된 자만을 구속하는 것으로서 복음서에 제시된 세 가지 권고—청빈, 정결, 순종—를 뜻한다. 따라서 수도사는 이를 준수할 의무를 지닌다.

도의 경우보다는 덜 철저합니다만, 이것은 기독교신앙의 전제에서 보더라도 그럴 수밖에 없었으며 또 그래도 괜찮았습니다. 이 세상이 원죄(原罪)에 의해서 타락했다고 보기 때문에, 강제가 죄악에 대한 징벌수단으로서 또 영혼을 위태롭게 하는 이단자(異端者)에 대한 징벌수단으로서 윤리 속에 비교적 용이하게 삽입되었습니다. 그러나 산상수훈의 순수하게 신념윤리적이고 무우주론적(無宇宙論的)인 요구들과 여기에 토대를 두고 있는 절대적인 요구로서의 종교적인 자연법은 혁명을 일으킬 수 있는 힘을 지니고 있었는데, 사회가 동요할 때는 거의 언제나 굉장한 중량감을 갖고서 등장하였습니다. 그것들은 특히 철저하게 평화주의적인 종파(宗派)들을 낳았습니다. 이들 중 어느 한 종파는 펜실베니아에서 대외적(對外的)으로 무력을 사용하지 않는 국가를 세우려는 실험을 하였습니다. 그렇지만 독립전쟁이 발발했을 때, 퀘이커교도들(Quäker)이 자신들의 이상(理想)―그 전쟁은 그들의 이상을 옹호하였습니다만―을 위해 무기를 들고 나설 수 없었다는 점에서 그 실험의 결과는 비극적이었습니다. 이에 반해 보통의 개신교(改新敎)는 요컨대 강제력을 수단으로 삼는 국가를 신적(神的)인 제도로서 절대적으로 정당화하였으며, 합법적인 관헌국가(官憲國家)〔권위주의국가〕를 특히 정당화하였습니다. 루터(Luther)는 전쟁에 대한 윤리적 책임을 개인에게서 면제시키고는 그 책임을 정부에게 전가(轉嫁)하였습니다. 그래서 신앙문제 이외의 일에서 정부에 복종하는 것은 결코 죄가 될 수 없었습니다. 또한 칼빈주의(Kalvinismus)도 신앙을 지키기 위한 수단으로서의 폭력, 요컨대 종교전쟁을 원칙적으로 인정하였는데, 이 종교전쟁은 회교(回敎)에서는 처음부터 생활요소였습니다. 〔그러므로〕 정치윤리라는 문제를 제기하는 것은 르네상스의 영웅숭배에서 태어난 근대의 무신앙(無信仰)이 결코 **아니라는** 사실을 우리는 알 수 있습니다. 모든 종교는 이 문제와 싸워왔습니다. 〔물론〕 그 성과는 서로 아주 달랐지만 말입니다. 또 이미 말한 바에 따라서 그렇게 될 수밖에 없었습니다. 인간단체들이 갖고 있는 **정당한 강제력**(legitimen Gewaltsamkeit)이라는 바로 이 특별한 수단 자체가 정치의 모든 윤리문제가 지니는 특수성의 원인이 되고 있습니다.

좌우간 어떤 목적을 위해서건 간에, 어쨌든 이 수단과 계약을 맺는 사람은—정치가는 누구나 이 짓을 합니다만—이 수단의 특수한 결과를 피할 길이 없습니다. 종교의 신앙을 위해 싸우건 혁명의 신념을 위해 싸우건 간에, 신념투쟁가(Glaubenskämpfer)의 경우는 매우 특히 그러합니다. 과감하게 현대를 예로 들어봅시다. **폭력**을 써서 지상에 절대적인 정의를 수립하려는 사람에게는 추종자라는 인적(人的) '기구(Apparat)'가 필요합니다. 그는 이 인적(人的) 기구에게 필요한 내적 및 외적인 보수—내세(來世)에서의 포상이든 현세(現世)에서의 포상이든—를 약속하지 않으면 안 됩니다. 그렇지 않으면, 그 기구는 움직이지 않습니다. 그런데 내적인 보수란 현대 계급투쟁의 조건하에서는 증오와 복수심을 만족시키는 일, 특히 원한(Ressentiment)을 만족시키고 사이비윤리적인 독선(獨善)의 욕구를 만족시키는 일, 따라서 적(敵)을 비방하고 이단자 취급하고 싶은 욕구를 만족시키는 일입니다. 외적인 보수란 모험, 승리, 전리품, 권력 그리고 녹봉(祿俸)입니다. 지도자의 성공 여부는 [추종자라는] 이러한 그의 기구(機構)의 기능 여하에 전적으로 달려 있습니다. 따라서 지도자는 **그 기구**의 동기 ― 지도자 자신의 동기가 아니라 ― 에도 의존하고 있습니다. 그러므로 지도자의 성공 여부는 그가 필요로 하는 추종자들, 즉 적위군(赤衛軍), 첩자, 선동가 등에게 그 보수를 **지속적으로** 줄 수 있느냐에 달려 있습니다. 그렇기 때문에 지도자가 그의 활동의 이와 같은 조건하에서 사실상 성취하는 것은 그의 마음먹기에 달려 있는 것이 아니라, 그의 추종자들의 행위 속에 들어 있는 저 동기 ― 이것은 윤리적으로 볼 경우 대단히 야비합니다만 ― 에 의해서 규정되고 있습니다. [물론] 이 야비한 동기는 지도자의 인격과 대의(大義)에 대한 진심에서 우러나오는 신뢰가 적어도 동료의 일부 ― 아마도 동료의 다수는 결코 아닐 것입니다만 ― 를 고무(鼓舞)하는 동안만은 억제됩니다. 그러나 이러한 믿음은 그것이 주관적으로는 진심에서 우러나는 경우에도 대부분의 경우엔 사실 복수, 권력, 전리품, 녹봉에 대한 욕망을 윤리적으로 '정당화' 하는 것에 지나지 않을 뿐만 아니라 ― 우리는 이에 대해서 그대로 믿어서는 안 됩니다. 왜냐하면 유물론적인 역사해석도 역시 임의(任意)로 탈 수 있는 삯마차가 아니며 또 혁명의 담당자라고 해서 그들 앞에서 멈추어주지는 않기 때문입니다! ― 또한 무엇보다도 감격적인 혁명 후에는 구태의연한 **일상**(日常)[생활]이 찾아오며, 순교자와 특히 신념 자체는 그 빛이 바래지거나 아니면 ― 실제로는 이런 일이 더 자주 일어납니다만 ― 정치적인 속물(俗物)들이나 기술자들의 판에 박은 상투어의 구성요소가 되어버리기도 합니다. 이러한 발전은 바로 신념투쟁의 경우에서 특히 빨리 일어나는데, 그 이유는 보통 이러한 투쟁이 혁명의 예언자라는 진정한 **지도자**에 의해 이끌어지거나 고취되기 때문입니다. 왜냐하면 모든 지도자의 기구(機構)에서 그러하듯이, 이 경우에도 '규율(Disziplin)'을 위해서 [추종자의 정신을] 텅 비게 해서 [그를] 물건처럼 만들어버리는 것, 즉 정신적으로 프롤레타리아로 만들어버리는 것이 성공조건 중의 하나이기 때문입니다. 따라서 신념투쟁가의 추종자들이 지배권을 얻었을 경우, 그들은 흔히 아주 평범한 수록자층(收祿者層)으로 매우 쉽게 타락합니다.

일반적으로 정치를 하고자 하는 사람, 특히 정치를 직업으로 삼고자 하는 사람은 이러한 윤리적 역설(逆說)을 의식해야 하며, 또 그 역설의 압력을 받으면서 **자기 자신**으로부터 나올 수 있는 것에 대한 자신의 책임을 의식해야 합니다. 되풀이해서 말합니다만, 그 사람은 모든 강제력 속에 숨어 있는 악마적인 힘과 관계를 맺는 것입니다. 무우주론적(無宇宙論的)인 박애와 자비의 위대한 달인들(達人, Virtuosen)은 이들이 나사렛(Nazareth) 출신이건, 아시시(Assisi) 출신이건 또는 인도의 왕성 출신[67]이건 간에, 폭력이라는 정치수단을 갖고 일한 적이 없습니다. 그들의 왕국은 '현세(現世)의 것이 아니었습니다만', 그런데도 그들은 현세에서 활동하였으

---

67 나사렛 출신은 예수, 이탈리아 아시시 출신은 성(聖) 프란체스코, 인도의 왕성 출신은 석가모니를 각각 가리킨다.

며 지금도 활동하고 있습니다. 플라톤 카라타예프(Platon Karatajew)[68]의 모습과 도스토예프스키가 그리는 성자(聖者)들의 모습은 지금도 역시 그 위대한 달인(達人)들을 가장 적절하게 본떠서 구성한 것입니다. 자기 영혼과 다른 사람들의 영혼을 구제하려는 사람은 이 일을 정치라는 수단을 통해서 하지 않습니다. 정치는 전혀 다른 과제, 즉 폭력에 의해서만 해결될 수 있는 과제를 갖고 있기 때문입니다. 정치의 수호신이나 데몬은 사랑의 신(神)과는, 또 이 신이 교회에 나타날 경우엔 기독교의 신과도 내적인 긴장 속에서 생활하고 있는데, 이 긴장은 해결할 수 없는 갈등을 언제라도 일으킬 수 있습니다. 사람들은 교회지배의 시대에도 그것을 알고 있었습니다. 성사수여금지(聖事授與禁止)[69]가 여러 차례 — 그런데 그 당시 이것은 인간과 인간의 영혼의 구제에 대해서 칸트(Kant)의 윤리적 판단이 지니는(피히테의 말을 빌려 말한다면) '차디찬 시인(是認)'보다 훨씬 더 무서운 힘을 뜻하였습니다 — 피렌체(Florenz) 시에 내려졌지만, 그런데도 시민들은 교회국가에 대항

---

68 톨스토이의 작품《전쟁과 평화》속에 나오는 등장인물. 50세가 넘은 러시아농민으로 러시아적이며 선량하고 원만한 것의 화신(化身)으로 또 순박하고 진실되며 영원한 것의 화신으로 묘사되고 있다.
69 성사수여금지(Interdikt) : 가톨릭 교회법에 의한 처벌로서 교회에서 축출하지는 않으나 그 대신 예배와 미사를 금한다. 이에는 두 가지 종류가 있는데, 하나는 개인이나 수도원 등 법인(法人)에게 과하는 인적(人的) 성사수여금지(Interdictum peronale)이며, 또 하나는 일정한 지역에 과하는 지역적(地域的) 성사수여금지(Interdictum locale)이다.

해서 싸웠습니다. 이러한 상황과 관련해서 마키아벨리는—나의 기억이 틀린 것이 아니라면—그의 《피렌체의 역사》의 어느 한 훌륭한 구절에서 이 도시의 한 영웅으로 하여금 자신들의 영혼의 구제보다 자신들이 태어난 도시의 위대성을 더 높이 평가한 그 시민들을 찬양하도록 하고 있습니다. 사실 오늘날에는 더 이상 누구에게나 항상 같은 뜻을 지니지 않은 말인 태어난 도시(Vaterstadt)나 '조국(Vaterland)'이라는 말 대신에 여러분이 '사회주의의 장래'라든가 아니면 '국제평화의 장래'라는 말을 한다면, 여러분은 지금 여기에 있는 바와 같은 문제에 직면하게 됩니다. 왜냐하면 강제적인 수단을 가지고 책임윤리의 길을 걸으면서 활동하는 **정치**행위에 의해서 추구되는 모든 것이 '영혼의 구제'를 위태롭게 하기 때문입니다. 그러나 신념투쟁에서 영혼의 구제가 순수한 신념윤리에 따라서 추구되는 경우엔 **결과**에 대한 책임감이 없기 때문에, 그 영혼의 구제가 손상(損傷)을 입을 수 있으며 또 여러 세대에 걸쳐서 불신당할 수 있습니다. 왜냐하면 이 경우 행위자에게는 여기에 관여하고 있는 저 악마적인 힘들이 끝끝내 의식되지 않기 때문입니다. 이 악마적인 힘들은 가차 없는 것으로서 행위자의 행위에 대해서 또 내적으로는 행위자 자신에 대해서도 결과를 만들어냅니다. 그러므로 행위자가 그 결과를 모를 때에는, 그 자신도 그 결과에 어쩔 수 없이 희생당합니다. "악마, 그는 늙었다(Der Teufel, der ist alt)"〔라는 말이 있습니다〕 그러나 이 문장은 연령을, 즉 인생의 나이를 뜻하는 것이 아닙니다. 다시 말해서, '그러므로 악마를 이해하기 위해서는 늙어야 한다'라는 것을 말하는 것이 아닙니다. 토론할 때 출생증명서의 날짜로써 승부를 결정하는 것을 나는 사실한 번도 참아본 적이 없습니다. 어떤 사람은 20살인 데 반해 나는 50살이 넘었다고 하는 단순한 사실이 나로 하여금 그것만으로도 나 자신 역시 정중하게 고개 숙여야 하는 업적을 이룬다고는 생각하게 하지 않습니다. 중요한 것은 나이가 아닙니다. 물론 중요한 것은 삶의 현실을 들여다보는 통찰력의 단련된 냉철함과 현실을 참아내면서 내적으로 이겨낼 수 있는 능력입니다.

확실히 정치는 머리로 하는 일입니다만, 그러나 절대로 머리로 **만**(nur) 하는 일은 아닙니다. 이 점에서는 신념윤리를 따르는 자가 전적으로 옳습니다. 그러나 신념윤리를 따르는 자로서 행위**해야 하느냐** 아니면 책임윤리를 따르는 자로서 행위**해야 하느냐** 그리고 언제 전자를, 또 언제 후자를 택해야 하느냐에 대해서는 누구에게도 지시를 내릴 수 없습니다. 단 한 가지만은 말할 수 있습니다. 즉 오늘날 여러분의 견해에 따르면 '불모(不毛)'이지 **않은** 흥분―그러나 흥분이라는 것은 확실히 진정한 정열이 아니며 또 결코 언제나 진정한 정열인 것만은 아닙니다―의 시대에 즈음해서 신념을 따르는 정치가들이 다음과 같은 말을 하면서 **갑자기** 대량으로 나타나는 것을 볼 수 있습니다 : "세계가 어리석고 야비한 것이지, 내가 그런 것이 아니다. 결과에 대한 책임은 나에게 있는 것이 아니라 내가 봉사하는 다른 사람들에게 있다. 그래서 나는 그들의 어리석음이나 야비함을 뿌리뽑을 것이다." 그래서 분명히 말합니다만, 나는 우선 이 신념윤리의 배후에 있는 것이 어느 정도의 **내적인 무게**(inneren Schwergewicht)를 갖고 있는지를 일단 묻고 싶습니다. 내가 십중팔구의 경우는 자기가 지니는 책임을 진정으로 느끼지 못하고 오히려 낭만적인 감동에 취한 허풍쟁이들과 상대하고 있다는 인상을 나는 갖고 있습니다. 이런 것은 인간적으로 나의 흥미를 별로 끌지 못하며 또 결코 나를 감동시키지도 못합니다. 이에 반해서, 결과에 대한 이러한 책임을 실제로 또 충심(衷心)으로 느끼고 책임윤리에 따라서 행위는 어느 한 **성숙한** 사람 — 나이가 들었건 젊었건 간에 — 이 어느 문제에서 '나는 달리 할 수가 없습니다. 이 점에서는 나는 물러서지 않습니다' 라고 말한다면, 이것은 대단히 감동적입니다. 이것은 참으로 인간적이며 감동적인 것입니다. 우리 모두는 정신적으로 [완전히] 죽지 않는 한, 언젠가는 틀림없이 이런 경우에 처하게 될 것입니다. 그러한 점에서 신념윤리와 책임윤리는 절대적인 대립물이 아니라 오히려 그 둘이 합쳐질 때야 비로소 '정치에의 소명'을 지닐 **수 있는** 진정한 인간을 만들어내는 상호보완물입니다.

그런데 존경하는 참석자 여러분, **10년** 후에 이 점에 관해서 다시 한번 이야기해봅시다. 불행하게도 여러 가지 이유로 인해서 나는 그때에는 반동(反動)의 시대가 이미 오래전에 닥쳤을 것이라는 두려운 생각을 하지 않을 수 없습니다. 그리고 여러분 중의 확실히 많은 사람들이, 또 솔직히 고백하건대 나 자신도 바라고 희망한 것들 중 실현되는 것은 별로 — 아마도 바로 모두는 아니라 하더라도, 적어도 외관상으로나마 실현되는 것도 별로 — 없을 것입니다. 이것은 매우 있을 수 있는 일입니다. 그렇다고 해서 좌절하지는 않지만, 그래도 그것을 안다는 것은 확실히 마음이 괴로운 일입니다. 그때, 오늘날 스스로를 진정한 '신념정치가(Gesinnungs-politiker)'라고 생각하면서 이 혁명이 뜻하는 열광에 참가하고 있는 여러분 중의 그 사람들이 말의 내적(內的)인 의미에서 [내면적으로] 어떻게 '되어' 있는지를 나는 보고 싶습니다. 만일 그때 셰익스피어의 소네트 102가 들어맞는 사태가 되어 있다면, 참으로 멋질 것입니다.

> 그때, 꽃피는 봄에 우리의 사랑은 푸르렀다,
> 그때 나는 그 사랑을 노래 불러 맞으려 했지.
> 꾀꼬리는 여름의 문턱에서 노래 부르나,
> 계절이 무르익어가면서 그 가락을 멈추더라.

그러나 사정은 그렇지 않습니다. 지금 어떤 집단이 외적으로 승리하든, 우리 앞에 놓여 있는 것은 꽃피는 여름이 아니라 우선 얼음에 뒤덮인 암흑과 혹한의 극지(極地)의 밤입니다. 왜냐하면 아무것도 없는 곳에서는 황제뿐만 아니라 프롤레타리아도 그 권리를 잃어버렸기 때문입니다. 이 밤이 서서히 물러갈 때, 이 봄날의 꽃이 자기를 위해 매우 화사하게 피었다고 생각한 사람들 중 그 누구가 여전히 살아 있을까요? 그리고 여러분들 모두는 내적으로 어떻게 되어 있을까요? 비분강개(悲憤慷慨)하고 있을까요? 아니면 속물근성을 갖고서 세상과 직업을 그냥 그대로 무감각하게 받아들이고 있을까요? 또 아니면 이 세 번째 것은 결코 드물지 않은 일입니다만, 그러한 천성(天性)이 있거나—또 구역질나게도 흔히 일어나는 바와 같이 — 이 유행에 따르려고 애쓰는 사람들의 경우에는 신비적인 세계도피(mystische Weltflucht)를 하고 있을까요? 그 어떠한 경우에서도 나는 다음과 같은 결론을 끄집어낼 것입니다. 즉 이 사람들은 그들 자신의 행위를 감당할 수 **없**었고, 실제로 있는 그대로의 세계도 그 평일(平日)도 감당할 수 없었던 것이며, 그들 자신은 정치에의 소명을 지녔다고 믿었지만, 〔정치에의 소명이라는 이 말의〕 가장 내적인 의미에서는 객관적으로도 실제로도 그것을 갖고 있지 않았던 것입니다. 그들은 소박하고 단순하게 이 사람 저 사람에게 우애를 베풀면서 그 밖으로는 자신들의 일상의 일에 아주 솔직하게 종사하는 편이 더 좋았을 것입니다.

정치란 정열과 목측(目測)능력을 동시에 갖고서 단단한 널빤지에 강하게 또 천천히 구멍을 뚫는 일입니다. 만약 이 세상에서 몇 번이고 되풀이하면서도 불가능한 것을 잡으려고 하지 않았다면, 가능한 것도 달성하지 못하였을 것이라는 말은 참으로 전적으로 옳으며, 또 모든 역사적 경험은 그것을 증명하고 있습니다. 그러나 이 일을 할 수 있는 사람은 지도자일 수밖에 없으며, 그리고 지도자일 뿐만 아니라 또한 — 매우 단순한 의미에서 — 영웅일 수밖에 없습니다. 그리고 지도자도 영웅도 아닌 사람들이라 하더라도, 모든 희망이 깨져도 이겨낼 수 있는 확고한 용기로 자신을 무장하지 않으면 안 됩니다. 그것도, 지금 당장 해야 합니다. 그렇지 않으면, 그들은 오늘 가능한 일조차도 달성할 수 없을 것입니다. 자기가 제공하고자 하는 것에 비해서 세계가 자기 입장에서 볼 때 너무 어리석거나 너무 야비하더라도 이에 좌절하지 않을 것이라고 확신하는 사람, 그 어떤 일에 직면해서도 '그럼에도 불구하고 (dennoch)!'라고 말할 수 있다고 확신하는 사람, 이런 사람만이 정치에의 '소명'을 갖고 있는 것입니다.

부 록

# 가치자유와 책임윤리

막스 베버에게서의 학문과
정치의 관계에 대하여

볼프강 슐룩터

"우리는 과학적으로 증명할 수 있는 이상(理想)을 하나도 알고 있지 못합니다. 게다가 주관주의적인 문화시대에 우리 자신의 가슴에서 이상을 끄집어낸다고 하는 것은 확실히 더욱 괴로운 일입니다. 하여튼 우리는 놀고 먹는 세상과 거기에 이르는 평탄한 길을 현세에서든 내세에서든, 생각으로나 행동으로나 약속해서는 결코 안 됩니다. 그리고 우리의 마음의 평안이 그처럼 놀고 먹는 세상을 꿈꾸는 자의 마음의 평안만큼이나 클 수 없다는 것, 이것이 우리의 인간적 품위의 징후입니다."[1]

1917년에서 1919년까지의 시기는 세계와 독일에 있어서는 사회적으로나 정치적으로나 격동의 시기이다. 역사가가 1917년을 세계사의 획기적인 해라고 부른 것은 옳다. 독일에서는 그 해가 국내외의 저항에도 불구하고 정치이성(政治理性)에 영원히 승리를 가져다 줄 수 있었던 결단들이 내려지는 해이다. 대외정치적으로는 강화(講和)결의가 강화조약을 가능하게 하며, 국내정치적으로는 초당파위원회(超黨派委員會)가 바이마르동맹과 통치체제의 의회주의화(議會主義化), 즉 군주제에서 공화제로의 이행을 준비한다. 그렇지만 1918년에서 1919년에 걸친 겨울의 혁명기에 정치이성은 이미 다시 위험에 처한다. 대외정치적으로는 윌슨(Wilson)의 14개조에 따라서 유럽의 재편(再編)과 항구적인 평화질서가 가능해 보였지만, 정전(停戰)조건은 무배상 무병합(無賠償無倂合)의 강화(講和)에의 희망을 결정적으로 흐리게 하였다. 국내정치적으로는 군주제의 붕괴 후 공화제와 의회제적 통치체제로의 길이 지시되어 있는 것처럼 보였지만, 특히 정치적인 좌익은 이에 대해서 이미 자기들끼리 서로 사투를 벌이고 있었다. 세계정치와 국내정치가 이처럼 격동하고 있는 상황에서 막스 베버는 뮌헨에서 몇 개의 강연을 한다. 그는 무배상 무병합의 강화를 옹호하고 범(汎)독일주의의 위험에 반대하며, 직업으로서의 학문, 독일의 정치적 신질서와 직업으로서의 정치에 대해 말한다. 이 강연들 중 직업으로서의 학문과 직업으로서의 정치에 대한 두 강연은 한층 더 '아카데믹한' 성격을 갖고 있다. 그 강연들은 주로 학생인 청중, 즉 윤곽밖에 보이지 않는 독일의 새로운 사회정치질서를 앞으로 담당하게 될 청년들을 대상으로 행해졌다.[2] 두 강연 모두는 직업으로서의 정신노동이라는 문제에 대해 살펴볼 목적으로 개최된 연속강연의 일부이다.[3] 주최자 측은 유명한 학자, 정치평론가 그리고 장래에 대학교수가 될 사람들을 강사로 선정하였다. 그 이유는 주최자 측이 좁은 의미의 직업문제의 해명에만 관심이 있는 것이 아니라 이 사회적·정치적 격동상황 속에서의, 또 그러한 상황에 대한 정신노동의 역할에 대해서도 관심이 있었기 때문이다. 그렇지만 막스 베버는 이러한 기대를 의식적으로 깨뜨리고 싶어한 것 같다. 가령 직업으로서의 정치에 대한 연설을 시작할 때, 그는 현실의 시사문제에 대한 태도결정〔입장표명〕을 자기에게서 기대해서는 안 된다고 못을 박는다. 그 밖에 또 있다. 즉 강연의 형식과 내용을 통해서 그는 절박한 시대문제는 최소한에 그치게 하고 싶어한 것 같다. 그는 결코 환상적인 관점을 제시하지 않고 오히려 종종 지루한 분석을 신중하게 표현하여 제시하며, 또 현재의 정치문제를 진단하는 것이 아니라 꽤 긴 정신사적 및 사회사적 여담(餘談)으로 탈선한다. 그리고 또 그는 정치적인 행동을 고취시키는 것이 아니라 오히려 체념의 분위기를 퍼뜨린다.

이처럼 단정짓기 위해서는 물론 보다 상세한 검토를 해야 한다. 우선, 두 강연에서는 말로 한 텍스트와 글로 씌어진 텍스트가 분명히 일치하지 않는다. 베버는 아마도 〈직업으로서의 정치〉의 입으로 한 표현법에는 특히 불만을 느꼈던 것 같다. 이 강연의 인쇄텍스트에는 논증의 일부가 수정되고 상당히 확대되어 있다. 이것은 그가 사용한 육필(肉筆)메모와 인쇄텍스트를 비교해보면 곧 알 수 있다. 또한 연설가가 미치는 영향과 저술가가 미치는 영향도 구분하지 않으면 안 된다. 저술가는 현실의 개관할 수 없는 다양성에 대해서 가능한 한 '책임 있는' 표현을 하려고 고심하지만, 연설가는 태도결정을 하는 주체에게 긴 고삐를 늦춰준다. 많은 동시대인이 증언하는 바와 같이, 베버는 마치 구약성서의 예언자들처럼 전적으로 선동가적인 특색을 지닌 박력 있는 연설가였는데, 그는 고대 유태교 자체에 대한 분석에서 이 구약성서 예언자들의 수사법(修辭法)을 인상 깊게 기술하고 있다. 베버가 전적으로 선동가적인 특색을 지닌 박력 있는 연설가라는 것은 이 '아카데믹한'

강연들에도 해당된다 : 그 두 강연은 대단히 매력적이었으며(렘 Rehm), '오래 생각한 것이 폭발해서 즉석으로 행한 연설' 같다는 인상을 주었다(바움가르텐 Baumgarten).

 그 다음, 두 강연의 밑바닥에 체념의 분위기가 깔려 있는 이유는 여러 가지가 있다 : 〈직업으로서의 학문〉은 현대(現代)에 대한 진단을 제시하며, 〈직업으로서의 정치〉는 그 진단을 독일의 정치상황에 비추어서 구체화하고 있다. 그 뿐만이 아니다 : 직업으로서의 학문에 대해 말한 1917년에는 베버는 독일에서는 아직도 정치적인 관점이 절대적이라고 보고 있다. 대외정치상의 큰 실책이 있었음에도 불구하고, 독일이 제국건설과 함께 떠맡지 않으면 안 되었던 세계정치상의 역할을 변화한 대외정치 및 국내정치의 조건하에서도 계속 수행할 수 있을 것이라는 희망을 베버는 간직하고 있다. 〔그런데〕 지금 1919년 봄에는 그러한 희망이 비타협적인 국수주의(國粹主義)와 신념정치의 부정한 결합에 의해 결정적으로 흐려지고 있다. 바로 뮌헨에서의 정세(情勢)의 전개가 그것을 원형적으로 보여주는 것 같았다. 뮌헨에서는 국내정치 및 대외정치의 도덕화가 지나쳐 내란과 분리주의의 일보직전까지 갔으며, 그 결과로서 영속적인 외국지배와 정치반동을 초래하였다. 저널리스트 겸 문필가이며 또 독립사회민주당의 당원이면서 문필가 동아리의 대표자인 쿠르트 아이스너(Kurt Eisner)는 뮌헨혁명이 진행 중인 1918년 11월 7일 자신을 임시적인 바이에른공화국 수상으로 선포하였는데, 베버가 보는 바로는 그는 톨러(Toller), 뮈잠(Mühsam), 란다우어(Landauer) 등과 같은 타입의 인도주의적 무정부주의자 및 평화주의자들처럼 저 정치적 낭만주의의 대표자였다. 왜냐하면 아이스너는 1917년에서 1918년에 이르는 겨울에 전쟁의 책임을 독일의 책임자들이 떠맡고 강화를 조속히 체결할 것과 공화제를 즉시 수립할 것을 촉구한 파업운동에 적극 참가하였기 때문인데, 그는 결과에 대해 무관심한 이 신념정치를 국내에서도 계속 믿고 나갔다. 〈직업으로서의 정치〉도 역시 그러한 신념정치의 대표자들에게, 또 이들보다는 훨씬 현실주의적이긴 하지만 정치의 윤리적인 패러독스를 역시 마찬가지로 경시하는 공산주의자들에게, 그러나 무엇보다도 이러한 풍조를 지닌 젊은이들에게 향해져 있다. 다음의 구절들이 그 점을 시사해준다 : "그런데 존경하는 참석자 여러분, 10년 후에 이 점에 관해서 다시 한번 이야기해봅시다. 불행하게도 여러 가지 이유로 인해서 나는 그때에는 반동(反動)의 시대가 이미 오래전에 닥쳤을 것이라는 두려운 생각을 하지 않을 수 없습니다. 그리고 여러분 중의 확실히 많은 사람들이 또 솔직히 고백하건대 나 자신도 바라고 희망한 것들 중 실현되는 것은 별로—아마도 바로 모두는 아니라 하더라도 적어도 외관상으로나마 실현되는 것도 별로—없을 것입니다. 이것은 매우 있을 수 있는 일입니다. 그렇다고 해서 좌절하지는 않지만, 그래도 그것을 안다는 것은 확실히 마음이 괴로운 일입니다. 그때, 오늘날 스스로를 진정한 '신념정치가'라고 생각하면서 이 혁명이 뜻하는 열광에 참가하고 있는 여러분 중의 그 사람들이 말의 내적인 의미에서 [내면적으로] 어떻게 '되어' 있는지를 나는 보고 싶습니다."[4)]

막스 베버는 그 젊은 세대의 생활감정을 이와 같이 의식적으로 해친 것 같다. 자신들을 혁명기의 자식으로 생각하는 그들, 현재 속에 예상 밖의 사태가 일어날 가능성이 마련되어 있다고 보는 그들, 열광하기 쉽고 또 자신들의 신념윤리적 준칙(準則)만 따르려고 하는 그들을 베버는 게오르크 짐멜과 함께 오늘의 단순한 요구에도 힘들어 하는 헛되이 흥분하는 자들(die steril Aufgeregten)이라고 부른다. 물론 이러한 평가는 청년 일반에게 해당되는 것이 아니며 또 그의 청중 전체에게 해당되는 것도 아니다.[5] 그렇지만 이러한 평가를 내리면서도 그는 강연자와 청중을 둘러싸고 있는 상황에서 생겨날 수 있는 요구도 피하는 전략을 확실하게 따르고 있다. 해석을 필요로 하는 시대는 예언자와 설교를 갈망한다는 것을 베버는 알고 있다. 그렇지만 그는 그러한 예언자가 아니다. 그는 그 성질상 시사정치문제에 대해서는 아무것도 말할 수 없는 학자와 교사로서 행동하고 있다.

막스 베버는 이처럼 그의 청중의 강한 해석욕구를 만족시키지 않는다.[6] 이것이 첫번째 인상이다. 그렇지만 두 강연 모두를 특징 짓는 것이 냉정한 절제임에도 불구하고, 그 강연들은 파토스(Pathos)로 가득 차 있다. 많은 문장들은 마치 [무언가를] 호소하는 듯한 인상을 주고 있다. 여기서 호소하고 있는 사람[막스 베버]은 행해지지 않으면 안 되는 것을 말하는 것이 아니라, 행해져서는 안 되는 것을 분명하게 지적하려고 애쓰고 있다. 이처럼 부정적(否定的)으로 단호하다는 것이 두 강연 모두에게 그 필법(筆法)에서 바로 저절로 나타난다고 생각되는 성격, 즉 둘 다 **정치적인** 강연이라는 성격을 주고 있다. 그 두 강연이 정치적인 강연이라는 것은 물론 그것들이 시사정치문제에 대한 태도결정이었을 때보다도 더 강한 의미에서이다. 베버는 자기에게 제안된 주제를 원칙적인 것으로 바꾸고 있다. 즉 그 주제를 표피적인 시사성(時事性)에서 떼어내고, 또 바로 그렇게 함으로써 그것을 현대의 위치를 규정짓는 데 이용하고 있다. 시사문제들과 거리를 두는 것, 〔다시 말해서〕 역사적인 비교를 통해 그것들을 객관화하는 것이 요컨대 다음과 같은 의도에 도움이 된다는 것이다. 즉 현대의 원칙적인 문제를 향해 돌진하고, 또 이 문제를 배경으로 해서 일상 정치상의 어려운 문제들의 사정(射程)거리를 완전히 보여주려는 의도에 도움이 된다는 것이다.

이렇게 주장하기 위해서는 간단하게나마 그 이유를 들 필요가 있다. 외적인 형식을 거쳐 논증의 구조로 돌진하면, 첫번째 확증을 얻게 된다. 강연자 자신이 인정하는 탈선에도 불구하고, 그는 빈틈없는 구성을 따르고 있다. 이 구성은 두 강연 모두에서 똑같다. 학문이라는 직업과 정치라는 직업이 영위될 수 있는 외적인 조건, 즉 제도적인 상황에 대한 논의에 이어서, 그 직업들이 개개인에게 제기하는 요구에 대한 질문이 뒤따르고 있다. 이 질문은 '객관적인' 측면에서는 학자나 정치가의 역할을 대상으로 삼으며, 또 '주관적인' 측면에서는 개인의 의미문제를 대상으로 삼고 있는데, 이 질문은 학문**의** 사명 또는 정치**의** 사명에 대한 질문을 옮겨 간다. 이렇게 함으로써 베버는 다음과 같은 점을 명백하게 하려고 한 것이 틀림없다. 즉 개개인은 자신의 직업역할을 에워싸고 있는 제도의 역할에 대해 숙고하지 않고서는 자신의 직업역할의 '의미'

내용을 자각하지 못하는 바와 같이, 그 제도의 '의미' 내용도 역시 그 제도가 속해 있는 사회적 연관을 함께 고려하지 않는다면 이해할 수 없다는 것이다.

그렇지만 그것으로는 충분하지 않다. 베버는 이러한 주제를 다룰 경우 사회학적 분석 없이는 안 된다는 것을 보여줄 뿐만 아니라, 학문과 정치의 기능을 규정하는 것이 바로 다름 아닌 지금의 문제라는 것도 명시하려고 한다. 근대의 가장 중요한 정신적 사건이 세계의 탈주술화, 주지주의화 및 합리화인 이상, 학문과 정치의 역할에 대한 질문은 이 세계의 의미에 대한 질문과 닿는다. 왜냐하면 구제종교의 해석독점이 과학적 인식에 의하여 깨졌기 때문이다. 이것은 과학적 인식이 '모든 사물은 — 원칙적으로는 — **계산**을 통해 **지배**할 수 있다'[7]는 신앙을 널리 퍼뜨린 결과이다. 학문〔과학〕과 정치가 종교의 자리를 차지한 것처럼 보인다. 그렇다면 학문과 정치는 종교의 특수한 기능도 함께 떠맡아야 하지 않는가? 종교의 해석독점이 깨진 사회인 만큼 더욱더 해석이 필요한 상태에 있다. 주술로부터 해방된 세계도 의미문제를 제기한다. 학문과 정치라는 결정적인 힘에게 그 해결을 요구하는 것은 오히려 당연한 것이 아닌가? 탈주술화된 세계가 독일과 같은 혁명적인 변혁기에 있는 경우에는, 학문과 정치가 직업 자체가 되어서는 안 되는가? 이런 상황에서는, 전에 사람들이 구제재(救濟財)와 계시를 주는 예견자와 예언자에게 건 기대가 — 아무리 그 형태가 변화되었다 하더라도 — 이제는 학자나 정치가에게 넘어가는 것은 당연한 일이 아닌가? 그리고 무엇보다도, 학자와 정치가가 그러한 이행을 받아들일 용의가 있다는 것은 자연스러운 일이 아닌가? 베버는 이러한 질문을 자신에게 던지면서, 동시에 탈주술화된 세계의 '의미'에 대한 물음에도 대답하고 있다.

그런데 여기서 명백한 것은 두 강연이 똑같은 외적 구성을 따를 뿐만 아니라, 또 똑같은 문제를 다룬다는 것이다. 주술로부터의 해방이라는 조건하에서는 세계인식과 세계형성의 통일이 학문과 정치에서 실현될 수 있다는 의미에서 학문이나 정치가 하나의 직업이 될 수 있는가 라는 것이 문제가 되고 있다. 이때 학문과 정치는 각각 따로 다루어지고 있을 뿐만 아니라 서로 관련시켜서도 다루어지고 있다. 베버는 학문의 내재적인 제약이 무엇인가를 물으면서 동시에 정치에 대한 학문의 관계도 논의한다. 그리고 그는 정치적 행위의 한계를 지적하면서 정치를 또한 학문과 연관시킨다. 베버에게 있어서는 의심할 바 없이 첫번째 시각[학문과 정치를 각각 따로 취급하는 것]이 우세하다. 이것이 학문과 정치의 관계에 대한 베버의 분석을 특징짓는 '결함' 중의 하나이다. 그렇지만 우리는 두 강연을 하나의 체계적인 통일체로 파악함으로써 이 결함을 완화시킬 수 있다.

이것이 학문과 정치의 관계를 이 두 강연으로 체계적으로 규정하기 위해 내가 사용하려고 하는 하나의 해석방법이다.[8] 또 하나의 방법은 이 강연들 속에 처음부터 뒤섞여 있는 논증의 두 수준을 구별하는 것이다. 그것들은 각각 방법론적-윤리적 수준과 제도적 수준이라고 이름 붙일 수 있을 것이다. 베버가 그 강연들에서 자신의 문제를 방법론적 및 윤리적 측면에서 논한다는 것은 특별히 강조할 필요조차 없다. 가치자유, 가치관계, 가치토론이라는 개념과 또한 신념윤리 및 책임윤리라는 개념도 과학론과 윤리의 무기고(武器庫)에서 나온다. 그렇지만 제도적인 논증도 관계하고 있다는 점은 확실히 그만큼은 분명하게 인식되어 있지 않다. 현대에 대한 사회학적인 분석은 이미 지적한 바 있다. 그렇지만 베버는 또 다른 측면에서 좁은 의미의 사회학적인 문제에 관심을 나타낸다. 베버는 학문과 정치의 각 영역뿐만 아니라 그것들 서로 간의 관계에도 통용되고 또 통용되어야 하는 '사회적 관계의 질서 (Ordnung der gesellschaftlichen Beziehungen)'에 대해서도 주목하고 있다. 이렇게 잘라 말하면 뜻밖이라고 생각할 수도 있을 것이다. 왜냐하면 베버는 가치체계와 그 제도화에 대해서는 말하지 않고, 어쨌든 학문적 및 정치적 '인격'에 대해서 말하고 있기 때문이다. 그는 학자와 정치가가 학문에 대한 사명과 정치에 대한 사명을 갖기 위해서는 반드시 갖추어야 하는 성질들을 열거하고 있다. 그렇지만 그 속에는 처음에 생각되는 것보다 더 많은 것이 들어 있다. 왜냐하면 베버의 분석에서는 인격개념이 각기 다른 수준에 대응하는 이중(二重)의 의미를 갖고 있기 때문이다. 베버는 '인격'[이라는 개념]을 우선은 방법론적-윤리적인 의미로 사용하고 있다. 이 경우에는 베버는 인격을 '일정한 궁극적인 '가치'와 삶의 '의의' — 이 가치와 의의는 그 인격의 행위에서는 목적으로 전환되며 그리하여 그것들은 목적론적으로 합리적인 행위 속으로 옮겨진다 — 에 대한 그 내적 관계의 항상성(恒常性)'[9)]으로 규정한다. 인간이 이런 의미에서 인격이라고 생각될 수 있기 때문에, 이해사회학이 인간행동의 목적합리적 연관의 구성을 해명할 수 있는 것이다.[10] 인격이 지닌다고 **생각되는** 항상성은 이해사회학의 일종의 선험적 전제이다.[11] 인간은 이 항상성에 이르도록 **해야 한다**는 것이 베버의 윤리의 내용이다. 그런데 이 방법론적-윤리적인 인격개념과 더불어 사회학적인 인격개념이 처음부터 있다. 이 경우에는 인격이 행동의 스테레오타입화(Verhaltensstereotypisierung)의 결과로 파악되는데, 이 행동의 스테레오타입화는 가치체계의 성질뿐만 아니라 그 가치체계의 사회적 매개(媒介)의 성질에서도 유래하는 것이다. 베버는 가치체계에서 나와 인간 내부에서 심리적 동인(動因)으로서 행위와 관련을 맺는 자극에 주목하고 있다.[12] 그 자극에 의해 비로소 인간은 **경험적으로** 가치와 삶의 의의에 대한 일정한 항상적(恒常的)인 관계를 맺을 수 있기 때문이다. 따라서 베버가 학자와 정치가의 '인격'에 대해 말할 때는, 그는 학문 또는 정치의 제도화된 가치체계도 염두에 두고 있다. 그러므로 그의 강연을 이끄는 실로서 학문과 정치의 상호관계에 대한 그의 관념을 체계적으로 해석하기 위해서는 이 두 강연이 짝을 이룬다는 것을 고려해야 할 뿐만 아니라, 방법론적-윤리적인 문제의 수준과 제도적인 문제의 수준 사이에 존재하는 관계에도 주의를 기울여야 한다.[13]

그런데 이러한 해석의 성과를 정돈할 수 있는 준거틀에 대한 문제가 생겨난다. 그 준거틀로서 나는 위르겐 하버마스(Jürgen Habermas)가 제안한 바와 같은, 학문과 정치의 관계에 관한 가장 중요한 착상들을 분류하는 방식을 선택한다. 하버마스는 결단주의 모델, 기술주의 모델, 화용론(話用論) 모델로 구분하고 있다.[14]

첫번째 모델은 그의 견해에 따르면 정치지도자와 관료 사이의 철저한 분업에 기초를 두고 있다. 강력한 의지를 지녔으며 주체적인 태도결정을 할 수 있는 지도자는 사실적인 정보에 밝고 기술훈련을 받은 관료들을 고용해서, 시민에게는 기술적으로 정확하게 내려진 지도자의 주체적인 결단에 환호하며 찬동하는 가능성만을 준다.[15] 이에 반해서 기술주의 모델에 따르면 비합리적인 결단은 쓸데없는 것이 된다. 결단의 전제는 결단과정 자체에서 발생하며, 기술적으로 행할 수 있는 것의 결과이지 그 반대가 아니다. 그리고 지도(指導)는 행정으로 환원〔축소〕된다. 〔그러므로〕 정치에의 참가란 더 이상 결코 인민투표적인 환호찬동이 아니라 기술적으로 필연적인 것에 대한 이해이다.[16] 마지막으로 화용론 모델에 따르면 기술과 실천적 결단의 관계를 합리적으로 논의할 수 있는 가능성이 부정되지 않으며, 또한 공개적인 토론의 가능성도 박탈되지 않는다. 〔오히려〕 그 반대이다. 일반적으로 인정되고 있는 학문〔과학〕과 여론의 지속적인 커뮤니케이션의 필요성이 정치를 공개하는 데 기여하며, 정치가 공개되는 가운데 한편으로는 기술적인 지식 및 능력과 또 다른 한편으로는 전통에 의존한 자기이해의 편견 없는 대질(對質)이 행해진다. 이렇게 해서 실천적인 물음이 학문상의 문제로 번역되며, 해명된 다음에는 이것이 다시 과학적인 정보로서 이해능력이 있는 공공(公共)의 장(場)으로 돌려보내진다. 하버마스에 따르면 이 모델에 의해서야 비로소 인식, 기술, 실천을 공동체에 유익하게끔 서로 매개하려는 민주주의의 요구가 만족된다.[17]

이러한 접근은 이중(二重)의 관점에서 흥미롭다. 첫째는 막스 베버의 구상(構想)이 결단주의 유형에 속하게 된다는 점이다. 둘째는 각각의 모델을 특징지울 때 방법론적-윤리적인 논증의 수준과 제도적인 논증의 수준이 똑같이 사용된다는 점이다. 그러므로 하버마스가 베버를 그렇게 분류하는 것이 과연 정당한가를 두 개의 측면에서, 즉 방법론적-윤리적인 측면과 제도적인 측면에서 검증하지 않으면 안 된다. 첫번째 측면에서는 다음과 같은 문제, 말하자면 베버가 과학의 기능을 기술적으로 이용할 수 있는 지식의 생산에 한정시켰는지 아니면 거기에 머무르지 않고 사회의 저 전통의존적인 자기이해, 즉 '그 지평에서는 욕구가 목표로 해석되고 목표는 가치의 형태로 실체화되는'[18] 저 자기이해를 해석할 때 과학이 어떤 역할을 하는 것으로 보았는지라는 문제를 분명하게 할 필요가 있다. 두 번째 측면에서는 다음과 같은 문제, 즉 베버가 학문과 정치의 철저한 분업을 옹호하였는지 아니면 오해가 경합하는 각각의 가치지향에 근거를 주면서 제도화된 커뮤니케이션을 거쳐 목표와 수단을 서로 수정할 수 있도록 해야 하는 학문과 정치의 기능분화 쪽을 생각하였는지[19]라는 문제를 분명하게 할 필요가 있다. 이 두 문제가 해명된다면, 보다 높은 차원에 속하는 다음의 문제, 즉 베버가 방향이 없는 결단주의에 반대해서뿐만 아니라 기술상 완벽하고 강철처럼 단단한 예속의 틀을 무의미하게 계속 만드는 것에 반대해서도 이론적으로 적절하고 제도적으로도 효과가 큰 대안(對案)을 내놓는다는 자신의 의도를 관철시킬 수 있었는가라는 문제에도 답할 수 있다.[20] 베버가 이것을 원하였다는 것은 의문의 여지가 없다. 그에게 있어서는 [권력] 그 자체를 위한 권력정치가 기술적으로 훌륭한 행정과 시민이 만족하도록 돌봐주는 것을 최고의 궁극적인 가치로까지 삼는 관료지배와 마찬가지로 혐오스러운 것이었다.[21] 베버가 이러한 자신의 의도의 달성에 성공하였는지를 판정하는 것이야말로 중요하다.

베버가 학문의 사명은 생활상의 실천문제에 대한 기술적인 비판으로 끝난다고 보았는지 아니면 학문의 사명을 방법론적-윤리적인 관점에서 [기술적인 비판] 그 이상으로까지 밀고 나갔는지라는 문제를 명확하게 하기 위해서는 그의 강연 〈직업으로서의 학문〉에서 보이는 사고과정(思考過程)을 면밀하게 재구성해보는 것이 유익하다.[22] 독일 대학의 구조변화를 간략하게 서술하고 학자라는 직업의 물질적 및 정신적 위험(Risken)에 대해 오히려 잠언적(箴言的)인 논평을 가한 후, 베버는 자신의 중심문제에 이른다. 그 내용은 학문[과학]의 의미가 기술적인 진보를 촉진시킨다는 점에 있는가라는 것이다.[23]

이 문제를 실마리로 해서 '인간의 생활 전체'[24]에 대해 학문이 갖는 가치를 탐구하려고 할 경우, 이 인간생활 전체에 대해 성찰해야 할 뿐만 아니라 인간에게 있어서 '의미(Sinn)'란 무엇인가에 대해서도 생각하지 않으면 안 된다. 왜냐하면 기술의 진보가 이 '의미'에 봉사하고 더욱이 진보의 촉진이 학문에 대해서 의미를 구성하는 기능을 지닐 때에만, 그때에만 '학문연구에서 나오는 것이 '알 가치가 있다(wissenswert)'는 의미에서 중요하다'[25]고 말할 수 있기 때문이다.

인간의 이러한 [의미]규정이 어떻게 확정되고 또 그것이 어떻게 해서 학문의 구성요소가 될 수 있는지에 대해서는 두 개의 길을 생각해볼 수 있다. 학문이 그 고유한 수단을 사용해서 인간의 그러한 규정을 인식한다는 것이 그 하나의 길이며, 학문으로서는 그 의미규정이 어떤 다른 '법정(Instanz)'에 구속되어 있다고 간주하며 더욱이 그래서 과학적 인식의 성격 자체는 손상되지 않는다는 것이 또 하나의 길이다. 베버는 첫번째 길은 이젠 더 이상 다닐 수 없는 것이라고 설명한다. 그는 학문을 의미해석의 도구로까지 높이는 시도를 하게 한—결국은 환멸로 끝난—기대를 청산(淸算)한다. 학문은 진정한 존재로의 길도 진정한 신으로의 길도 진정한 자연으로의 길도 진정한 예술로의 길도 가리킬 수 없었으며 또 진정한 행복으로의 길도 가리킬 수 없었다.[26] 과학은 근본적으로 경험과학으로서만 성과가 있었다. 그러나 과학이 그렇게 될 수 있었던 것은 다만 과학이 의미부여를 의식적으로 단념했기 때문이다. 그래서 과학은 신념가치를 희생시키고 성과[효과]가치를 높였다.[27] 이것이 과학의 딜레마이다. 과학은 그 자신의 힘으로는 아마도 그 딜레마를 해결할 수 없으리라는 것이 베버의 생각이다.

그러면 과학을 대신해서 누가 이 딜레마를 해결할 수 있는가라는 문제가 제기된다. 우선은 지금까지 의미를 계속 준 하나의 '법정'이 나서는데, 그것은 구제종교이다. 그렇지만 구제종교는 근대과학의 합리성기준과 충돌하지 않을 수 없다. 구제종교는 경험과학적 인식을 두 가지 점에서 올바르게 대접하지 않을 것이다. [첫째로는] 구제종교는 경험과학적 인식에게 그 자신의 역사를 포기하도록 강요할 것이며, 〔둘째로는〕 경험과학에 내재하는 인식의 진보를 제한할 것이다. 실로 과학이 의식적으로 종교에 기초를 두게 된다면, 과학은 '종교적인 구제소유의 주지적 **합리화**'[28]에 머무르지 않으면 안 되는 신학이 될 수밖에 없을 것이다. 〔그렇게 되면〕 과학에는 신념가치는 있겠지만, 성과가치는 없을 것이다. 그렇지만 다른 해결책을 찾아내기도 어렵다. 그 이유는 무엇보다도 다음과 같은 점에 있다. 즉 탈주술화된 세계에서는 기독교의 '통일된' 가치우주(價値宇宙)가 해체되고 새로운 다신론(多神論)으로 이행하였다는 것이다.[29] 그때 기독교의 이상(理想) 하에서 일정한 경향을 갖고 통합되어 있던 가치세계는 분열된다. 개개의 가치질서뿐만 아니라 여러 가치 영역들도 이제는 화해할 수 없는 갈등 속에 있다.[30] 그 결과는 조화롭게 상대화될 수 있는 가치다원론이 아니라 가치들 간의 적대(敵對, Werteantagonismus)이다. 적대하는 가치 각각의 입장은 "'신'과 '악마' 사이에서처럼' '화해시킬 수 없는 사투(死鬪)'[31] 속에 있다. 이러한 상황에서는 학문의 의미를 묻는 질문에 이젠 해답을 줄 수 없을 것이다. 삶의 의미가 번갈아 뒤를 이어가며 해석될 수 있는 곳에서는, 학문에 대한 그 어떤 구속력 있는 의미 부여도 더 이상 존재하지 않는다. 학문은 성과가 있는 것일 수는 있지만, 그러나 '신념이 없는 것(gesinnunglos)'에 머무를 수밖에 없다.

베버는 이처럼 체념한 해결책으로 만족하였는가? 나는 그렇게 생각하지 않는다. 왜냐하면 베버의 유명한 가치자유요청(Wertfreiheitspostulat)에는 중요한 하나의 의의만 있는 것이 아니라 이중(二重)

의 의의가 있기 때문이다. 가치자유의 경험과학을 요구하는 것은 한편으로는 적대적(敵對的)인 가치세계의 조건 하에서 '성과 있는' 경험과학적 인식을 **가능하게 한다**(ermöglichen)는 것과 관련되며,[32] 또 다른 한편으로는 '성과 있는' 경험과학적 인식을 **원한다**(wollen)는 것과도 관련된다.[33] 경험과학은 가치질서의 해결할 수 없는 투쟁으로부터 차단되어야 한다. 왜냐하면 이러한 의미에서 독립한 과학만이 하나의 가치를 갖기 때문이다. 그러므로 '자유로운' 경험과학은 지킬 가치가 있는 하나의 가치이며 '귀중한' 것이라고 주장할 수 있다. 바로 학문이 그러한 것이기 때문에, 〔다시 말해서〕 '객관적으로 가치 있는 '사명''을 갖고 있기 때문에, 학문은 의심할 바 없이 현재의 상황에서는 '누군가에게 '직업''이 될 수 있는 것이다.[34]

이상의 것이 우선은 확대해석인 것처럼 보일 것이다. 왜냐하면 학문은 전제가 없는 것이 아니지만 그러나 학문을 비로소 가치 있게 해주는 그 전제가 주관적인 결단의 대상이라는 것을 베버는 항상 반복해서 강조하기 때문이다. 그 전제를 긍정하는 자는 하나의 사명을 가질 것이다. 그렇지만 그 전제가 아무래도 좋은 사람은 아마도 학문을 위해 사는 것은 허용해주지 않더라도 어쨌든 학문에 의해서 생계를 이어가는 것은 허용해주는 그러한 일밖에는 갖지 못할 것이다.[35] 그렇지만 이것이 학문에 의해서 생계를 이어가는 사람은 전문가로서 그 일에 종사하지 못한다는 것을 뜻하지 않는다. 그러기는커녕, 사람은 그러한 활동에 높은 '의미'를 결부시키지 않고서도 훌륭한 학자가 될 수 있다. 그렇지만 외적인 직업문제만이 아니라 정신노동의 의미도 문제가 되는데, 이 문제는 학문의 변명과 관계가 있다.

그런데 여기서 놀라운 연관이 밝혀진다. 베버는 이 탈주술화된 세계가 다르게 되지 않고 그렇게 된 것에 대한 진단을 통해 이 변명을 시도한다. 그는 '우리가 우리 자신에 충실하고자 한다면 벗어날 수 없는 우리의 역사적 상황의' 빠져나올 수 없는 '소여(所與)'[36]에 대해 말하며, 또 받아들일 수밖에 없는 '우리 문화의 운명'[37]에 대해 말한다. 이것은 물론 주관적인 입장이다. 그렇지만 이 입장은 그 요구에서 보면 그 이상의 것이다. 그것은 **근거 있는** 입장이라는 성격을 요구하고 있다.

여기서 앞서 지적한 바 있는 이 연설의 정치적 핵심이 드러난다. 베버는 자신이 그토록 조롱하고 또 이 강연의 형식과 내용이 그 가면을 벗기는 데 소용되고자 한 저 ''개성적으로' 채색된 **교수예언**'에 빠지지 않고 어떻게 그 입장에 근거를 주고 있는가?[38] 그의 입장을 교수예언에서 벗어나게 해주는 근거는 어디에 있는가? 모든 의미 부여가 주관화되고 있는 때에 그의 입장은 무엇에 의하여 '객관성'을 획득하는 것인가? 이러한 문제들은 이미 화제가 된 관계, 즉 구제종교와 근대과학의 관계를 우리가 더 정확하게 분석할 때 해명될 수 있다. 그렇게 되면 베버 입장의 기본적인 특색이 드러날 수 있다.

베버는 요컨대 현대의 조건하에서 적극적으로 종교적인 사람은 ''지성의 희생'이라는 달인적(達人的)인 능력'을 발휘하지 않으면 안 되는데,[39] 그러한 사람은 시대의 운명을 '용감하게' 견뎌낼 수 없다고[40] 주장한다. 학문〔과학〕에의 헌신이 명백하게 주는 것, 즉 삶을 합리화된 세계의 조건과 일치시키는 것을 종교는 불가능하게 한다. 가치세계의 구조에 관한 베버 자신의 가정을 배경으로 해서 생각해보면, 어쨌든 이 명제는 납득하기 어렵다. 모든 행위가 그러하듯이, 종교적인 행위도 믿지 않으면 안 되는 전제에 구속되어 있는데, 이것에 의해서 그 종교적인 행위는 하나의 '의미'를 받게 된다. 마찬가지로 자연과학, 의학 및 문화과학은 각각 세계를 지배하고 싶다는 전제, 생명을 유지하고 싶다는 전제, 〔세계에 대해서 의미를 부여할 능력과 의지를 갖춘〕 문화인이 된 연유(緣由)를 알고 싶다는 전제에 구속되어 있다. 이들 학문은 그러한 전제를 인정할 경우에만 '가치가 있는' 특정한 행위 영역에서 합리화를 행한다. 그러나 바로 이것은 종교에 대해서도, 또 종교를 합리화하는 학과, 즉 신학에 대해서도 그대로 적용된다. 만일 신학의 전제를 찬성하는 결단을 내린다면, 그것은 그 규범이 다른 가치 영역 및 행위 영역의 규범과 화해할 수 없을 정도로 모순되는 행위를 일으킬 것이다. 그렇다고 해서, 한 전제가 다른 전제보다 서열이 낮다는 명제가 근거를 얻게 되는 것은 아니다. 베버의 이론적 가정을 받아들이면서도 종교적 행동을 '평가절하하는' 자는 자신의 개인적인 편견을 정당하다고 생각하는 것일 것이다.[41]

그렇지만 베버는 어떤 논증에 의해 기초가 세워지느냐에 따라 시대에 적합한 평가와 시대에 부적합한 평가가 있다는 것을 입증하려고 한다. 그에 따르면, 적극적으로 종교적인 사람은 '동시대(同時代)의 사람(Zeitgenossen)'이 될 수 없다는 것이 분명해진다.

왜냐하면 과학과는 달리 신학은 그 성질상 항상 필요한 전제에다 '자신의 일을 위해서 또 그 자신의 존재를 정당화하기 위해서 몇 개의 특수한 전제들'을 덧붙이기 때문이다.[42] 신학은 세계에는 의미가 있다는 것을 전제할 뿐만 아니라 그 의미는 구제에 있어서 중요한 일정한 사실들을 통해 계시된다는 것도 전제하고 있다. 그렇기 때문에 이 경우에는 보통 이해되는 의미의 '지식(Wissen)'이 아니라 '소유(Haben)'[43]가 지적 합리화의 조건이 된다. 그러므로 믿어진다고 하는 것이 아니라 오히려 그 내용이 강제적으로 사람을 적극적인 신앙에 이르게 한다는 것이 과학과의 차이점을 이룬다.

그런데 이것은 무엇을 뜻하는 것인가? 믿어지는 것은 또한 긍정되지 않으면 안 된다는 의미에서 신앙은 항상 적극적인 것이 아닌가? 베버가 '적극적으로 종교적인(positiv religiös)'이라는 표현으로 중복을 통한 [의미]강조 이상의 것을 생각하고 있었다면, 그것은 다음의 것이 분명하다. 즉 확실성의 원리가 전면(前面)에 놓이는가 아니면 불확실성의 원리가 전면에 놓이는가에 따라서, 인식 및 행위의 활동범위를 좁히는 전제가 있고 또 그 활동범위를 넓히는 전제도 있다는 것이다.[44] 모든 종교의 전제는 '객관적으로 올바른' 인식뿐만 아니라 주관적인 결단도 제한한다.[45] 인식은 구제소유의 합리화에 한정되며, 결단은 헌신[귀의(歸依)]으로 왜소화된다. 그러므로 종교적 행동은 다원론적 가치세계의 조건과도 또 객관적으로 올바른 관점에서 합리화된 사회의 조건과도 조화를 이룰 수 없다. 그것은 현세의 회피에 이른다. 이러한 귀결 때문에 베버는 종교적 태도를 '거부'한다고 한다.[46]

그런데 베버가 종교적인 태도와 과학적인 태도를 이러한 의미로 평가한다면, 그는 종교적인 신앙을 단순히 과학에 대한 신앙으로 대체하는 것이 아닌가? 그렇다면 과학의 사명은 배후이데올로기로서 산업사회의 발전을 가능하게 하고, 또 그 발전에 따라다니는 기술주의적 의식을 퍼뜨리는 데 있는 것이 아닌가?[47] 의미를 부여하는 궁극적인 결단은 말하자면 과학을 통해서 내려지지만 과학이 그 결단을 주는 것은 아니라는 것을 명확하게 할 수 있을 때에만, 베버는 그러한 오해를 분명하게 막을 수 있다. 사실 그는 그러한 오해를 막는 데 성공하고 있다. 과학의 의미는 과학이 결단을 위한 활동 영역을 가능하게 하는〔남겨주는〕동시에 제약한다는 점에서 찾을 수 있다. 가능하게 한다는 의미는 과학이 가치자유의 원리를 적용함으로써 결단을 주관적인 영역으로 옮긴다는 것이며, 제약한다는 의미는 결단을 내리는 자가 고려하지 않으면 안 되는 제약조건을 과학이 정식화한다는 것이다. 그런데 이 제약조건은 현대의 모든 결단에 따른 위험에서 생겨난다. 그 위험은 주로 두 가지이다. 하나는 각각의 결단이 개인에게, 즉 '영혼의 구제'[48]에 어떤 결과를 가져온다는 것이며, 또 하나는 사회환경에 대해서 어떤 결과를 가져온다는 것이다. 과학은 이 두 위험을 의식시킬 수 있다. 즉 전자(前者)는 가치토론을 통해서, 후자(後者)는 실현가능성과 부수적인 결과에 대한 사정(査定)을 통해서 의식시킬 수 있다. 과학은 '오늘날 **전문적으로** 영위되는 '직업'으로서 〔우리 자신에 대한〕자각과 사실연관에 대한 인식에 도움을 주고 있다'[49]는 점에 바로 과학의 의미가 있다.

이렇게 이해되는 과학은 현세에 속하는 것인 동시에 또한 현세에 대해서 비판적으로 거리를 두고 있다. 과학이 현세에 속하는 것이라고 하는 이유는 과학이 세계인식과 세계형성을 분리시키면서 합리화 과정을 고려하기 때문이다. 또 과학이 합리화과정에서 자유롭게 된 결단을 자각 및 사실인식과 결부시키기 때문이다. 그렇다면 과학에 대해서 하나의 명령이 정식화될 수 있는데, 그것은 주관적인 결단과정에서는 과학을 순수하게 봉사하는 기능에서 출발하게 한다는 것이다. 모든 행위, 특히 정치적인 행위는 가치토론을 거쳐 과학으로부터 자극받지 않으면 안 되며, 또한 불유쾌한 사실들과의 대질을 통해 수정되지 않으면 안 된다. 탈주술화된 세계는 적어도 과학이 선전하고 있는 근본원칙에 따르지 않으면 안 되는데, 그 근본원칙이란 당위(Sollen)는 능력(Können)을 포함한다는 것이다.[50]

그런데 이러한 주장은 베버의 사상의 상당한 부분과 모순되는 것 같다. 베버는 결단에 의해서 의욕되는 것이 실현 가능한가라는 문제는 결단의 질(質)에 비해서는 사소한 문제라는 것을 항상 반복해서 주장했을 뿐만 아니라,[51] 또는 〈가치자유〉 논문과 강연 〈직업으로서의 정치〉에서는 신념윤리의 준칙과 책임윤리의 준칙의 대립—이 두 준칙은 바로 그것들이 '능력'을 평가하는 방식에 의해 구별된다—에 대해서도 말했기 때문이다.[52] 책임윤리를 지닌 사람은 그의 행위의 성과가치를 숙고하고 그와 동시에 그 행위의 실현가능성 및 결과를 고려하는 데 반해서, 신념윤리를 지닌 사람에게는 신념 자체가 중요하며 더욱이 성과에 대한 계산과는 상관없이 신념이 문제가 된다. 신념윤리를 지닌 사람은 '순수한 신념의 불꽃'을 항상 새롭게 타오르게 하며, 오로지 '모범으로서의 가치밖에는 없으며 또 그것만을 지녀야 하는 비합리적인 행동'[53]을 하려고 노력하는 것이다. 그렇지만 그것만은 아니다. 더욱이 베버는 그 두 준칙을 동시에 존중하는 자만이 '정치에 대한 사명감'을 지닐 수 있다고 주장한다. 두 준칙이 서로 모순되는 것을 명령하더라도, 정치가는 결코 책임윤리를 지닌 사람으로서만 있을 수 없다. 그도 자신의 신념에 따르고 그 결과를 신의 뜻에 맡기지 않으면 안 되는 상황이 있다.[54] 〔그러나〕 앞에서 제시한 해석을 고집하고자 한다면, 우리는 확실히 베버의 이러한 발언을 의심하지 않으면 안 된다.

이렇게 해서 베버의 두 번째 강연에 다리가 놓여진다. 여기에서도 베버는 직업으로서의 정치가 지금까지 행해질 수 있었던 외적인 조건들에 대해 설명하고 또 정치가라면 마땅히 지녀야 할 자질에 대해 논의를 한 다음 우리를 그의 중심문제로 이끈다. 이 문제의 내용은 정치가 '생활영위의 윤리적인 질서 속에서' 실로 어떤 사명을 수행할 수 있는가라는 것이다.[55] 이에 대한 대답을 베버는 그 개요에 대해 이미 약술(略述)한 바 있는 가치이론에서 제시한다. 탈주술화과정에서 정치는 '고유한 법칙을 지닌' 하나의 가치 영역이 되었다. 정치는 가령 종교와 학문에 대해서 상대적인 자율성을 갖고 있다. 그렇지만 특히 정치와 윤리의 관계는 문제가 되었다. 그리고 그것은 두 가지 점에서 문제가 되었다. 첫째는 오늘날에는 정치를 더 이상 단순히 윤리적인 원리의 적용에 불과한 것으로 이해할 수 없다는 것이다. 생활상의 실천적인 문제에는 윤리적인 원리와는 관계없는 새로운 방식의 해결책이 있기 때문이다. 따라서 극히 다양한 제도적인 규제가 정의의 요청과 일치할 수 있다.[56] 두 번째는 정치행위가 지향할 수 있는, 저 서로 대립하는 두 개의 윤리적 준칙이 존재한다는 것이다. 정치행위는 다른 것은 고려하지 않고 하나의 가치입장을 실현해야 하는가 아니면 결과에 대한 책임에 좌우되어야 하는가라는 문제는 윤리 '라고 하는 것의' 독자적인 전제로부터는 결정할 수 없다. 정치행위는 자신이 현대에는 윤리상의 양자택일 앞에 서 있다는 것을 알고 있다. 정치행위에게는 여전히 윤리를 따르도록 지시하고 있지만, 그러나 어떤 윤리적인 '제약'을 받아들일 것인가의 결정은 정치행위에게 맡겨져 있는 것 같다.

그런데 이것은 다음과 같은 것을 의미한다. 즉 베버가 정치행위에게 그러한 선택을 양보하기 때문에, 과학에 의한 정식화된 제한조건을 고려할 것인가에 대한 결단도 정치행위에게 맡긴다는 것이다. 책임윤리를 지닌 사람은 그 제한조건에 따르지만, 신념윤리를 지닌 사람은 따르지 않는다. 왜냐하면 신념윤리의 준칙은 실로 당위는 능력과는 상관없이 행해져야 한다는 것으로 특징지어지기 때문이다. 그러나 그럼으로써 신념윤리를 지닌 사람은 근대 과학이 함께 운반해온 문화전통의 밖에 서 있게 된다. 그는 탈주술화된 세계의 밖으로 나간다. 이것은 그가 이 세계에서 통용되고 있는 **'인격에 대한 명령**(Gebot zur Persönlichkeit)'[57]을 경시한다는 의미가 아니라, 오히려 이 사회의 강철처럼 단단한 틀에 **대항해서**

(dagegen) ― 더 이상 그 틀 **한가운데에서**(inmitten)가 아니라 ― 자각(自覺)과 자결(自決)을 행하고자 한다는 의미이다.[58] 그러므로 정치적 행위는 독백(獨白)과도 같은 신념윤리의 단호함 그 자체만으로도 정당화될 수 있다고 생각하는 사람은 결단주의 모델에 매우 가까이 있다고 말할 수 있다. 베버가 종교와 함께 신념윤리도 '낮게 평가' 하였다는 것을 증명할 수 있을 때에만, 그의 신조고백에 대해 앞서 제시한 해석이 적절한 것이 된다.

내가 보기에는 신념윤리에 대한 이러한 '평가절하' 가 베버에게는 사실상 존재한다.[59] 이 점은 책임윤리를 지닌 사람은 특정한 상황에서는 신념윤리에 따라 행동할 수 있지 않으면 안 된다는 이미 언급한 바 있는 베버의 주장으로도 얼버무려지지 않는다. 이 주장은 무엇보다도 베버가 이 두 개념을 사용할 때의 양면성(兩面性)의 표현이다. 한편으로는 그의 목적-수단 관계의 윤리인 책임윤리를 목적의 윤리인 신념윤리와 구별하는 경향이 있지만, 또 다른 한편에서는 그 두 개념이 그에게는 윤리와 정치의 결합원리로 간주되어 이 원리에서 각각의 가치입장의 실현방법이 순전히 형식적으로 제시된다. 첫번째 경우에는 목표를 원할 때 비로소 목적-수단 관계가 의미 있는 것이 되는데, 그러한 한에서는 신념윤리와 책임윤리가 서로 보충한다. 두 번째 경우에는 그 두 윤리가 서로 배척하는데, 그 이유는 구체적인 행위수행에서는 항상 두 결합원리 중 어느 한쪽만을 따를 수밖에 없기 때문이다. 내가 보기에는 두 번째의 해석만이 설득력이 있다. 왜냐하면 책임윤리를 지닌 사람이 특정한 상황에서 자신의 신념을 논증한다는 사실은 책임윤리적 준칙의 일관된 적용으로 해석될 수 있기 때문이다. 바로 책임윤리에 따라 신중히 고려하는 것은 어떤 상황에서는 행위자로 하여금 다음과 같이 말하게 할 수 있다 : "나로서는 달리 할 수 없습니다. 나는 여기서 물러서지 않습니다."[60] 이러한 것이 일어나지 않는 경우는 책임윤리를 지닌 사람이 어떤 신념도 없고[61] 따라서 책임윤리가 때마침 '현실정치'와 일치할 때뿐일 것이다.

베버의 이론적인 기초로부터 보아도 신념윤리와 책임윤리 사이에는 일종의 보완관계가 있지 않다는 것은 이렇게 해서 이미 분명해진다. 그렇다고 한다면 특히 〈직업으로서의 정치〉에서 그의 논증이 보여주는 것은 베버 자신은 두 윤리의 동격성을 결코 받아들이지 않고 있다는 것이다. 베버에게 있어서 신념윤리와 책임윤리라는 두 개념은 결국 임의(任意)의 가치입장의 두 개의 실현원칙 또는 목표의 윤리와 목적-수단 관계의 윤리를 보증하는 것이라기보다는 오히려 두 개의 신념구조와 이 구조에 대응하는 각각의 가치입장을 보증하는 것이다. 이와는 반대되는 것을 말하는 경우도 있지만, 베버는 결국 두 개념으로 두 개의 서로 정반대되는 정치윤리를 특징지웠으며, 이 두 윤리 각각을 그 '시대적합성'을 고려하면서 평가하고 있다. 나는 그것들을 각각 절대적인 정치윤리와 비판적인 정치윤리라고 부르고 싶다.[62] 신념윤리는 그것이 '세계의 윤리적 비합리성'을 참아내지 못한다는 점에서 정치윤리로서는 우선 절대적이다.[63] 신념윤리는 특히 강제력을 수단으로 하는 정치에서는 선(善)에서 악(惡)이 생겨날 수 있으며 또 그 반대로 있을 수 있다는 것을 알아차리지 못한다. 신념윤리는 특수한 의미에서 현실에 대해 눈이 멀었다(realitätsblind). 책임윤리는 그것이 세계의 윤리적 비합리성을 고려할 뿐만 아니라 또한 〔자신의 가치입장의〕 관철수단으로서 권력과 강제력에 관계해야 하며 이 경우에는 '악마적인 힘과 계약을 맺는다'[64]는 점에서 가치입장의 정치적 실현이 지니는 특별한 어려움도 인식하는 한, 정치윤리로서는 우선은 비판적이다. 〔따라서〕 이 윤리는 특수한 의미에서 현실을 의식한다(realitätsbewußt).[65] 〔그렇지만〕 그 근본구조에서 볼 때 분명히 이 두 윤리는 탈주술화라는 조건을 고려하기에는 똑같이 적합하지 않다. 그런데 그 조건이란 기독교의 큰 환상이 무너진 다음의 가치갈등이라는 속일 수 없는 사실과 가치를 실현함에 있어서의 윤리적 지속성의 문제이다. 그런데 세계에 대한 두 개의 기본자세를 이러한 조건과 관련시켜보면, 그 둘 간의 차이가 그 근거 및 결과라는 면에서 특히 분명하게 보인다. 신념윤리를 지닌 사람은 '우주론적-윤리적인 '합리주의자''[66]이다. 그는 자신의 가치입장을 어느 한 주어진 또는 인식할 수 있는 원리로부터 객관적으로 근거 지우려고 하는데, 이때의 그 원리는 가치세계의 지속적인 위계질서를 가능하게 하면서 동시에 행위의 의도에 대한 결과의 패러독스를 말하자면 윤리적으로 중화시키는 원리이다. 그는 원칙에 따라서 또 독백(獨白)하는 방식으로 조직된 행위를 하는 경향이 있다. 그 행위는 세계도피적이거나 세계변혁적인 성격을 지닌다. 즉 그것은 내면으로의 퇴각(退却)을 '신성화' 하든가 아니면 카리스마적 돌파를 '신성화' 한다. 정치적 준칙은 '전부 아니면 무(無)(Alles oder Nichts)'이다. 이에 반해 책임윤리를 지닌 사람은 비판적-윤리적인 '합리주의자'이다. 그는 주체적으로 자신의 가치입장을 서로 모순된 명령들의 중재불가능성과 중재강제의 변증법으로 근거 지우려고 한다. 이것은 경우에 따라서는 [명령의] 서열을 하나하나 또 교대로 짜는 것을 가능하게 하지만, 행위의 의도에 대한 결과의 패러독스를 윤리적으로 바로 각색(脚色)하는 것이다. 그는 상황을 상정하면서 대화방식으로 조직된 행위를 하는 경향이 있다. 그 행위는 세계 지배적인 스타일을 지닌다. 즉 그 행위는 최종적인 화해를 단념하며 수단선택의 윤리적인 방종을 포기한다. 그 행위는 현존하는 것과 관계를 맺으며, 아울러 모든 것이 변화될 수는 있지만 그러나 그 모든 것이 동시에 또 모순된 부수적인 결과를 일으키지 않으면서 변화될 수는 없다는 의식 속에서 수행된다. 정치적인 준칙은 '그럼에도 불구하고(Dennoch)'이다.[67]

그 밖에도 또 하나의 차이점이 발견될 수 있다. 자신을 우주론적-윤리적인 합리주의자로 생각하는 사람은 행위의 합리화에 대한 근대과학의 업적을 과대평가하거나 아니면 과소평가할 것이다. 원리의 인식가능성을 받아들이는 경우에는 근대과학의 업적을 과대평가할 것이다. 왜냐하면 그 경우 과학은 '우주 전체를 어떻게 해서든지 의미 있게 질서지어진 '코스모스(Kosmos)'로 파악'[68]하는 데 쓰이기 때문이다. 이때 과학적인 개념들은 베버가 특히 진보개념으로 예시(例示)한 이중(二重)의 기능,[69] 즉 기술적(技術的) 기능과 규범적 기능을 수행하지 않으면 안 된다. 자신을 우주론적-윤리적인 합리주의자로 생각하는 사람이 원리의 소여성(所與性)을 받아들이는 경우에는 근대과학의 업적을 과소평가할 것이

146

다. 왜냐하면 과학적 수단에 의해 밝혀진 행위의 결과, 즉 일원론적인 가치실현의 개인적 사회적 비용(費用)의 증명은 신앙전사(信仰戰士)에게 있어서는 아무 의미도 없기 때문이다. 그러한 결과는 세계의 비합리성의 일부인데, 이 비합리성을 인정한다면 신념윤리적 요청의 순수성을 바로 해칠 것이다. 이에 반해 책임윤리를 지닌 사람은 근대과학에 의지할 뿐만 아니라 또한 근대과학의 가능성 및 한계를 올바로 평가하지 않을 수 없다. 그는 상대적으로 자율적이며 '가치자유적인' 과학을 필요로 한다. 왜냐하면 이러한 과학이 목적-수단의 연쇄에 대한 경험분석을 통해서 또 행위의 준칙에 대한 논리분석 및 의미분석을 통해서 그에게 책임윤리적인 행위를 위한 전제를 만들어주기 때문이다. 인과연관과 가치관계에 대해 어떠한 '객관적인' 지식도 없는 사회에서는 엄밀한 의미에서 책임윤리에 따라 행위하는 것이 결코 가능하지 않다. 가치자유적인 가치관계적 인식(wertfreie wertbezogene Erkenntnis)이야말로 책임윤리에 따라서 평가될 수 있는 사태를 만들어낸다. 따라서 근대과학은 책임윤리적인 행위와 필요불가결한 관계에 있을 뿐만 아니라 또한 동시에 비판적인 관계에 있다. 가치자유와 책임윤리는 탈주술화된 세계라는 조건하에서 함께 하나의 통일체를 이루고 있다.[70]

그렇다고 해서, 베버가 신념윤리적 행위를 현대에서는 불가능한 것으로 보았다고 말하는 것은 아니다. 그 반대이다 : 일반적으로 이 현대가, 특수하게는 1917년에서 1919년에 이르는 독일이 신념윤리의 폭발의 위험에 처해 있다고 그는 보고 있다. 베버의 강연은 바로 다음과 같은 목적, 즉 근대의 사회구조 및 가치구조에 대한 분석을 통해 그 폭발의 자극과 동인(動因)이 무엇인지를 보여주면서도 동시에 그 폭발이 왜 바람직하지 않은가를 증명하는 데 쓰이고 있다. 신념윤리의 폭발이 바람직하지 않은 이유는 신념윤리적인 행동이 ─ 그것이 종교에 근거를 두고 있든 아니면 종교 외적인 것에 근거를 두고 있든 간에 ─ 결국 사회적 관계의 폐쇄, 구조다원주의 및 가치적대관계의 파괴를 초래하기 때문이다. 베버가 탈주술화된 세계의 내부분열을 극복할 수 있는 유일한 존재로서 예언자를 가리키는 것도 우연이 아니다. 그리고 카리스마적 지도의 개념규정 속에도 이러한 [예언자의] 의미가 공명(共鳴)하고 있다.[71] 정치를 지향하는 신념윤리적 행동이 어떤 근거를 갖고 있든 간에 또 그 내용이 무엇이든 간에, 그 행동은 현대의 조건에는 적합하지 않다. 그 행동은 지성의 희생을 강요하거나 '경험'의 희생을 강요하며 또 그렇지 않으면 그 둘 모두를 동시에 강요한다. 정치를 지향하는 신념윤리적 행동은 분극화(分極化)한다. 즉 그 행동은 정치적 추종자를 사도(使徒)로 만들며 정치적 반대자를 적(敵)으로 만든다. 정치를 지향하는 신념윤리적 행동은 독점한다. 즉 그 행동은 근대의 비판적인 경험과학이 독립된 힘으로서 자기와 나란히 서는 것을 허용할 수 없다. 왜냐하면 그 행동은 가치자유적인 과학에게만 '사명'을 줄 수 있는 그러한 문화전통이야말로 경멸하지 않으면 안 되기 때문이다. 정치적인 신조고백도 동시에 제시하고 있는 베버의 현대상황에 대한 진단은 이상과 같은 내용을 갖고 있다. 즉 그것은 인간이 오늘날 '신과는 무관하며 예언자도 없는 시대에 살아야 하는 운명을 갖고 있다'[72)]는 사실이다.

　종교적인 신념윤리적 태도도 종교 외적인 신념윤리적 태도도 정치적으로는 시대에 적합하지 않다고 평가할 수 있는 과학적 성찰은 실천적인 학문이다. 그렇지만 그것은 마르크스의 경우와는 다르게 실천적이 되는 것이다. 즉 자신을 지양(止揚)하는 노력에 의해서가 아니라 오로지 〔학문의〕 자기주장에 의해서이며, 또 총체성의 철학으로의 확대에 의해서가 아니라 전문과학으로의 한정에 의해서 실천적이 되는 것이다. 과학적 성찰이 배격하는 것은 '존재와 관찰의 **총체성**이 아니라, 하나의 개별성을 하나의 전체로까지 굳히려고 하는 있을 수 있는 태도, 따라서 **특정한** 종류의 ― 외관상의 ― 총체성이다'.[73)] 과학적 성찰은 자기 자신에 대해서 또 다른 영역에 대해서도 과학으로서의 그러한 것을 배격한다. 따라서 과회적 성찰은 이러한 근본사상에 대응한 제도적인 구조를 지닌 생활형태로서의 사회형태에 주목하도록 지시받고 있다.

　이 점을 확인하면, 논점은 제도의 수준으로 이행한다. 학문과 정치의 관계에 대한 막스 베버의 구상(構想)이 방법론적-윤리적인 관점에서는 하버마스에 의해 구성된 결단주의 모델에 부합된다고 보는 것이 무리라 하더라도, 두 영역의 제도적 고정화에 대한 베버의 관념과 또 학문과 정치라는 부분체계의 자율성 및 상호관계에 대한 그의 규정[74)]은 그럼에도 불구하고 그러한 분류를 정당화할 수 있을 것이다. 베버의 정치적 신주고백이 학문을 통해 정치에 실천적인 영향을 주고 싶어하는 원망(願望)을 표명하고 있다 하더라도, 과학에 의해서도 규정되는 사회, 다시 말해서 근대적인 안슈탈트(Anstalt)[어떤 정식의 의지표시나 명확한 선서에 의해서가 아니라, 출생, 교육 또는 거주사실에 의해 그 소속원이 되며 규칙을 통해서 소속원을 강제장치에 복종시키는 게마인샤프트]로서의 국가를 형성해서 전통적인 세력으로부터 정치적인 권한을 몰수한 후 정당한 물리적 강제의 독점적인 관리를 선거라는 기회와 연결시키는 그러한 사회[75]의 제도적 구조에 대한 그의 관념은 그러한 원망을 완전한 공상(空想)으로 만들어버릴 수 있을 것이다. 막스 베버에게 있어서의 학문과 정치의 관계를 분석할 때에는 방법론적-윤리적 연관에 대한 연구로 만족해서는 안 된다. 베버가 잊지 않고 있었을지도 모르는 제도적인 조정도 밝혀내지 않으면 안 된다.

 지금까지의 분석이 이 점에 대한 두 개의 실마리를 제공한다. 첫번째로 뚜렷하게 된 점은 베버가 가치자유와 책임윤리를 의심할 바 없이 방법론적 및 윤리적인 원리로 이해하고 있을 뿐만 아니라 우리가 의식적으로 신봉해야 하는 가치로도 이해하고 있다는 것이다. 두 번째로 명백해진 점은 베버가 서로간의 경계를 정하고 또 바로 그렇기 때문에 개인에게 서로 다른 요구를 할 수 있는 여러 가치 영역을 알고 있다는 것이다. 첫번째 생각과 두 번째 생각을 연결시키면, 학문과 정치를 두 개의 가치체계로 ― 한편으로는 일정한 제도적 구조가, 다른 한편으로는 행동에의 기대가 각각 그때마다 대응하는 두 개의 가치체계로 ― 이해하는 것도 어렵지 않다. 이 두 가치체계는 '외적 및 내적(동기)선택'의 과정에서 일정한 '인간유형'[76]을 지배저인 유형으로 만들려고 하는 사회적 질서이며, 또한 서로 정치적인 관계 속에 있는 사회적인 힘이다.[77]

베버는 문자 그대로 ''일(Sache)'로서의 정치의 에토스'[78]에 대해 말한다. 라인하르트 벤딕스(Reinhard Bendix)에 따르면, 이것은 현대사회학의 용어로는 문화적 하위체계로서의 정치를 의미한다. 행동의 측면에서 볼 경우, 다음의 내용이 '에토스(Ethos)'라는 개념에 대응한다. 즉 '각 개인의 사회참여에는 일정한 신분집단의 행동패턴이라는 점에서도, 그 집단의 물질적 및 이념적 이해관심이라는 점에서도 어떤 개인적인 의무가 포함되어 있다'[79]는 것이다. 따라서 우리는 베버의 강연 속에서 학자와 정치가에게 기대되는 역할과 그들의 사회적인 매개방식에 대한 구체적인 언급도 찾아낼 수 있다고 추측할 수 있다.[80]

실제로 그렇다. '직업으로서의 학문'에 대한 강연은 정치적인 강연일 뿐만 아니라 정치교육에 대한 강연이기도 하다. 이것은 이미 그 외관(外觀)으로도 증명된다. 베버는 우선 학자를 연구자와 교사의 이중기능을 지닌 것으로 보고 있지만, 그럼에도 불구하고 논의의 중점은 교사로서의 기능 쪽에 있다. 그는 강연의 서두에서는 고전적인 독일 대학이 죽었다고 설명하고 있지만,[81] 그럼에도 불구하고 그는 전문적인 분화(分化)라는 조건하에서 어떻게 하면 교양으로서의 학문의 실천적 성격에 관한 이상주의적 사상이 강의 속에서 실현될 수 있는가라는 물음에 답하려고 애쓰고 있다.[82] 베버는 직업교육(Ausbildung)과 교양(Bildung)의 통일이라는 이상주의적인 신앙을 더 이상 갖고 있지 않지만, 그럼에도 불구하고 그는 학생에게 '그 자신의 행위의 궁극적인 의미에 대해 해명하도록' 강요하는 교사는 '도덕적인 힘에 봉사한다고'[83] 보고 있다. 베버는 이러한 주장을 다시 상대화해서 다음과 같이 말하고 있다. 즉 아무튼 교사로서 경험과학이 제시하는 한정된 가능성의 범위 내에서 교육시키고자 하는지 아닌지는 '실천적인 대학정책'의 문제라고 말하고 있다. 그렇지만 전문교육은 그가 보는 바로는 초라한 방식만으로가 아니라 '극도로 엄청난' 방식으로도 행해질 수 있다.[84] 교사로서 이 점에 찬동한다면, 그 사람의 교육목표는 단순한 전문가의 양성에 있는 것이 아니라, 궁극적인 삶의 문제는 결코 전문지식만으로는 해결될 수 없다는 의식을 지닌 인간의 양성에 있게 된다. 이것을 매개하는 것은 가치자유적인 경험과학을 기초로 해서 가능하다. 그러나 '인간을…… 감명시켜서 정치적, 윤리적, 예술적, 문화적 또는 그 밖의 신념을…… 선전하는 것'[85]은 가치자유적인 경험과학과 양립하지 않는다. 과학을 통한 교육이란 오늘날에는 과학의 한계를 의식시키는 것이라고 말해도 좋다. 과학이 교사에게 요구하는 것은 신념선전의 단념을 통한 자기한정(自己限定)이다.[86]

과학을 통한 교육을 이상과 같이 이해할 때, 이 교육은 다음의 두 가지 점에서 정치적으로 중요하다. 이 교육은 [첫번째 점으로는] 학문의 절차를 천박한 정치화로부터 지키며, [두 번째 점으로는] 탈주술화되고 합리화된 사회에서 모든 삶의 문제, 특히 정치문제를 의식적으로 해결하는 데 근본적으로 중요한 특성을 조성한다. 베버에 따르면, 오늘날 '역사의 수레바퀴의 살에 손을 넣어도 된다'[87]고 자부하는 인간은 권력감정과 함께 특히 다음의 세 자질을 지니지 않으면 안 된다. 즉 정열, 책임감, 목측능력이 그것이다. 정열이란 일에의 헌신을 의미하며, 책임감이란 일에 대해서 책임지는 것을 뜻한다. 그리고 목측능력이란 '정신을 집중시키고 침착하게 현실을 있는 그대로 받아들이는' 능력, '따라서 사물과 인간에 대해서 거리를 두는'[88] 능력을 의미한다. 베버에 따르면 정치가라면 누구나 이러한 자질들을 갖고 있어야 하지만, 신념윤리를 지닌 사람과 책임윤리를 지닌 사람이 그러한 자질들을 서로 다른 비중으로 갖고 있다는 것은 지금까지의 분석으로 볼 때 의심할 여지가 없다. 특히 목측능력은 책임윤리를 지닌 사람을 현저한 정도로 특징짓는 하나의 특성이다. 그러나 이 특성은 올바르게 영위되는 과학과 관계를 맺으면 특히 더 강화된다.[89] 현대적인 용어로는 다음과 같이 말할 수 있을 것이다. 즉 가치자유적인 과학은 책임윤리에 의해 인도되는 직업정치가라면 마땅히 지녀야 할 가치지향을 촉진시킨다.

만일 베버가 과학은 정치 영역에서 가치지향을 익히도록 교육하는 것이라고 생각한다면, 학자야말로 이상적인 정치가라는 결론을 이끌어낼 수 있을 것이다. 물론 베버는 그렇게 생각하지 않았다. 왜냐하면 그는 정치의 준비로서 분명히 다른 직업들을, 특히 변호사라는 직업과 —조건부로— 저널리스트라는 직업을 들고 있기 때문이다.[90] 그렇지만 그가 그 근거로 드는 것은 가치지향이 아니라 그 직업에서 요구되는 능숙한 솜씨, 즉 말과 글을 자신의 확신을 선전하기 위한 투쟁수단으로 투입할 수 있는 능력이다. 왜냐하면 오늘날에는 그 어떤 정치가도 그의 책임윤리적 신념이 제 아무리 선명하다 하더라도 '선동(Demagogie)' 없이는 성공할 수 없기 때문이다. 현대정치가 지적 훈련과 감정의 억제를 요구하고 있다 하더라도, 정치는 여전히 '당파성, 투쟁, 정열'[91]이다. 정치에서 자기의견을 주장하는 것은 학문으로는 배우지 못한다. 요구되는 규범에서 볼 때, 또 그 규범이 습득될 수 있는 제도상의 조치에서 볼 때, 학자의 역할과 정치가의 역할은 단지 부분적으로만 일치한다. 따라서 이 연관을 더욱 정밀하게 분석하면, 학문과 정치의 제도적인 고정화에 대해 베버가 어떻게 생각하고 있는지를 더 잘 해명할 수 있을 것이다.

그런데 우선 다음과 같은 흥미 있는 상세한 점이 주의를 끈다. 그것은 정치가의 직업상(職業像)을 자세하게 묘사할 경우, 베버는 언제나 그것을 학자의 직업상과 대비시키지 않고 관료의 직업상과 대비시키고 있다는 점이다. 이것은 우연히 그렇게 된 것이 아니다. 그것은 일반적으로는 자본주의적 생산양식을 기초로 하는 합리화된 사회의 발전에 대한 베버의 평가와 관계가 있으며, 특수하게는 비스마르크의 실각(失脚) 이후의 독일정치상황에 대한 그의 평가와 관계가 있다. 합리화된 사회로의 발전은 관료를 정치적으로 **중요한** 〔인간〕유형으로 만들었다. 베버에 따르면, 모든 지배는 행정과 결합되어 있다 : "모든 지배는 행정으로 나타나며, 행정으로 기능한다."[92] 인간과 자연의 관계와 또 인간 상호 간의 관계를 '객관적으로 올바르게' 합리화할 수 있다는 이념을 실현하려고 하는 지배단체에서는 이 지배가 대체로 관료제적 행정으로 기능한다. 이것은 말하자면 목적합리성을 지향하는 사회 — 경제제도와 소송절차를 중심으로 한 법률제도에 가장 적합한 구조유형의 행정이다.[93] 그러나 이러한 행정유형은 '합리적이고 전문적인 특수화와 훈련'[94]을 통해 교육받고 물적인 경영수단으로부터의 분리, 즉 관직과 인물의 분리에 익숙하며,[95] 아울러 지배의 요구를 전문지식을 통해 실효(實效)가 있게끔 일상생활 속으로 전하려고 애쓰는[96] 그러한 관료를 필요로 한다. 그러나 독일에서는 합리화된 사회의 발전이 관료를 그러한 정도를 넘어서 **권력을 휘두르는** 정치적 [인간]유형으로까지 만들었다. 비스마르크가 후세에 남긴 것은 말하자면 '정치교육을 전혀 받지 못한 국민'과 또한 '정치적인 의사가 전혀 없는 국민'[97]이었다. 그 결과 독일에서는 관료제적 행정간부를 통한 지배가 아니라 관료제적 행정간부**의**(des) 지배가 존재하게 되었다. 독일은 베버가 보기에는 관료의 지배하에 있다.[98]

그렇지만 '**관료정신을 지닌**'[99] 사람들이 정치를 떠맡는다는 것은 베버의 견해에 따르면 공동체에 치명적인 결과를 가져온다. 즉 그것은 토론의 공개성 및 정치적 결단의 책임을 포기하게 된다. 왜냐하면 관료는 관료로서 독자적인 정치적 확신을 갖고 그것을 공개적으로 주장하도록 교육받지 않기 때문이다. 관료의 지고(至高)의 덕은 제도에 대한 복종의무이며, 심지어는 어떤 명령이 자신의 확신과 모순된다 하더라도 우선은 직무에의 충실의무라는 원칙을 따른다는 의미에서 자신의 인격을 일보다 하위(下位)에 두는 것이다.[100] 관료가 정치에 부적당하다는 사실은 그가 숙달해야 하는 능력의 결과라기보다는 오히려 관료제적 행정을 도와 실무관리(實務管理)라는 그 고유의 활동을 하게 하는 그의 가치지향의 결과이다. 왜냐하면 관료제적 행정이 그러한 일을 할 수 있는 것은 그것이 '정당을 초월해' 있을 때, '그러나 실제로는 자신의 권력을 위한 **투쟁**의 밖에'[101] 있을 때뿐이기 때문이다. 따라서 관료제의 작업능력은 베버에 의하면, 지도하고 이 지도원리의 책임을 개인적으로 진다는 정치 고유의 임무가 문제되는 곳에서 그 한계에 부딪힌다. 그러한 임무는 '정치투쟁 속에서 **공적인 발언**이 미치는 영향의 범위를 잴 줄 알며 또—관료가 자신의 지위에 어울리게 지니는, 그러나 여기서는 치명적으로 유해한 예속감정을 갖지 않고—무엇보다도 지도적인 정치가로서의 책임감'을 갖는 사람에 의해서만 수행될 수 있다.[102] 관료와 정치가의 결정적인 차이는 의심할 바 없이 다음과 같은 점에 있다. 즉 관료는 사정이 극히 좋지 않은 경우에는 자기와는 무관한 일에도 봉사할 줄 아는 반면에, 정치가는 어떠한 사정에서도 의무라고 인식한 일은 완전히 자신의 일로 삼으며 또 그것을 자신의 일이라고 주장할 줄 알아야 한다는 점에 있다.

그런데 여기에서는 정확하게 구별할 필요가 있다. 관료는 다른 사람의 일에 봉사하고 정치가는 자기 자신의 일에 봉사한다고 말했을 경우, 이것은 무엇을 뜻하는가? 우선 분명한 것은 다음과 같은 것이다. 즉 베버에 따르면, 일반적으로 일에 헌신하는 자, 자신이 하는 일을 그 자신의 일로 삼는 자, 일을 주체적으로 어떤 의미나 결부시키는 자, 일에 대해 정열을 발휘할 수 있는 자, 그러한 자만이 사명을 갖는다는 것이다.[103] 따라서 이 점에서는 정치가도 관료도 똑같다. 그렇다면 그 밖의 무엇이 그들을 구별짓는가? 분명히 그것은 다음과 같은 점뿐이다. 즉 관료는 사명을 갖기 위해서는 사회적으로 인정된 의미연관에서 주체적으로 의미를 보지 않으면 안 되지만, 정치가는 [스스로] 주관적인 의미연관에 사회적인 인정을 마련해주지 않으면 안 된다는 것이다. 관료는 [사회적으로] 인정된 일을 자신의 일로 받아들이지만, 정치가는 자신의 일을 [사회적으로] 인정받는 일로 만들려고 애쓴다. 정치가가 이것을 할 수 있는 것은 그가 인정을 얻기 위해 싸우고 또 그가 싸우는 것에 대해서 공적으로 책임을 질 수 있을 때뿐이다. 정치가의 기본적인 생명은 '자신의 권력을 위한 투쟁과 또 이 권력에서 나오는 **자신의 일에 대한 고유책임**(固有責任)'[104]이다. 그가 인정을 얻었다면, 그의 일은 또한 관료의 일도 된다. 즉 관료는 그 일에, 즉 남의 일에 봉사하지 않으면 안 된다.[105]

그 일은 또 학자의 일도 되는 것인가? 베버가 그렇게 생각하지 않았다는 것은 의심할 여지가 없다. 물론 정치에 대한 관료와 학자의 관계에는 유사점이 있지만, 그러나 중요한 차이점도 있다. 즉 관료와 학자는 정치가의 태도결정에 대해서 '가치자유적인' 태도를 취하지만, 관료의 경우에는 그 결정을 '가치자유적으로' 받아들이며, 학자의 경우에는 그것이 인식대상이 된다. 관료와 학자 모두는 정치가의 태도결정에 대해서 '봉사하는' 자세를 취하지만, 관료의 경우에는 그 결정을 실행에 옮기며, 학자의 경우에는 그 결정을 비판하고 또 그에 따르는 책임을 명확하게 보여준다. 관료의 봉사에토스(Dienstethos)는 그가 지배이념이 효력을 발휘하게끔 도와주는 데서 구체적인 모습을 나타내지만, 학자는 '그때마다의 지배이념에 대해서 또한 가장 숭고한 이상에 대해서도 개인의 능력이라는 의미에서의 냉정한 정신을 유지하며 또 필요한 경우에는 '시류(時流)에 역행하려고'[106] 노력해야 한다. 관료와 학자는 그들의 역할을 수행하는 데에는 비슷한 능력을 필요로 하지만,[107] 그러나 그들의 가치지향은 분명히 다르다. 지배자에 대한 충성의 무가 아니라 지적 성실성이, 또 미리 주어진 목표에의 종속이 아니라 거리감과 명확함이 학자의 미덕(美德)이다. 이상과 같은 세 개의 직업상(職業像), 즉 정치가, 학자, 관료의 직업상은 부분적으로는 겹치지만, 그래도 그 직업상(職業像) 각각의 윤곽은 여전히 서로 날카롭게 대립하고 있다. 따라서 그것들은 또한 동일한 제도적 연관 속에서가 아니라, 각기 다른 제도적 연관 속에서만 완전히 배워 익힐 수 있다. 그러나 이러한 사정에 의해서 다음과 같은 점이 분명해진다. 즉 베버가 우선 먼저 정치가와 관료의 관계를 제도적인 수준에서 분석하면서 이 관계를 주체적인 결단과 결단된 것의 전문적인 실행의 관계로 규정하고 있음에도 불구하고, 그가 이론적으로 옳다고 믿는 실천적인 평가와 가치자유적인 인식의 관계가 오로지 그러한 관계에 의해서만 제도적으로 실현된다고 보는 것은 잘못이다. 베버에게 있어서는 학자의 역할이 관료의 역할과 동일하지 않으며, 또 학문의 기능도 행정의 기능과 동일하지 않다. 그에게 있어서는, 특히 전쟁이 끝날 무렵의 시국(時局)에 대한 그의 입장표명에서는 결국 정치가에게 지배에의 길을 열어주는 것이 문제였으며, 또한 지금까지 독일에서의 정치가의 지배를 반대한 저 장애물을 타파하기 위해서도 의회주의화와 국민투표에 의한 지도자선출을 요구하였지만,[108] 그럼에도 불구하고 그는 학문에게 봉사역할이나 심지어는 변호역할을 무리하게 요구해야겠다는 생각은 꿈에도 하지 않았다. 세 개의 직업상(職業像)의 윤곽이 보여주는 바와 같이, 관료와는 달리 학자는 정치가에 대해서 상대적으로 자율적인 상태에 있어야 한다.

자율성은 〔역할의〕 분화(分化)와는 다르다. 역할분화는 관료와 정치가 사이에도 있다. 자율성은 우선 정치**로부터의**(von) 학자의 자유를 뜻한다. 따라서 탈코트 파슨스(Talcott Parsons)는 베버의 방법론을 지식사회학적으로 해석했기 때문에, 가치자유를 '적절한 한계 내에서 학문의 가치를 따르면서 과학적인 연구의 가치와 모순되거나 부적당한 다른 가치를 통해 학문의 가치를 무효화시키지 않는'[109] 학자의 자유로 정당하게 이해할 수 있었다. 그렇지만 자율성은 또한 정치**에 대한**(für) 학자의 자유를 뜻하기도 한다. 이 것은 학자도 일반시민과 마찬가지로 자신을 위해 고루 갖추고자 하는 여러 가지 역할을 행한다는 의미에서만이 아니라, 학자는 정치를 학문이라는 가치입장과 대결시킨다는 의미에서도 그러하다. 가치자유는 학문의 한계만이 아니라 학문의 문화적 요구도 정식화하는 것이다. 가치자유는 학자에게 학문의 가치를 옹호할 수 있게 해주는 가치기반을 이룬다.[110] 이 가치는 근대과학을 부분체계로 성립시키는 저 특수한 문화전통의 한 구성요소이면서, 그 문화전통의 '가치 보편주의(Universalismus von Werten)'[111]의 기초도 된다. 그리고 이 '가치 보편주의'가 과학을 둘러싸고 있는 문화 전체에 대해서 과학에게 비판적인 거리를 주면서도 과학을 그 문화에 얽매이게 하는 것이다. 가치자유라는 가치 속에서는 과학문화와 문화 전체의 공통점과 차이점이 지체없이 정식화되고 있다. 이 가치는 과학을 탈주술화된 사회에서 정치적으로 권력을 휘두르는 힘으로 만드는 것이 아니라 정치적으로 중요한 힘으로 만든다. 그러나 이러한 계획이 실현되는 것은 과학의 제도적 자율성이 최고도로 발휘될 때뿐이다.

그렇지만 대외적으로뿐만이 아니라 대내적으로도 이러한 자율성을 지닌 기구를 베버는 상당히 애매한 상태로 남겨놓았다.[112] 베버는 관료의 직업역할은 관료제적 행정장치 속에 넣고 정치가의 직업역할은 정당과 활동하는 의회 속에 넣으면서[113] 이 두 영역을 결합시키는 것[114]에도 많은 주의를 기울였지만, 학자와 과학에 대해서는 이와 비교할 만한 분석이 없다. 그에게 있어서는 의심할 바 없이 대학이 학문의 자율성의 가장 중요한 담당자였다. 그렇지만 이 제도에 대한 조직사회학적 분석은 보이지 않는다. 물론 베버는 보편적인 관료제화 경향에 대한 자신의 명제를 독일 대학에도 적용하였으며 또 오래전부터 내려온 대학제도를 허구(虛構)가 되게 하는 독일 대학생활의 미국화에 대해서도 말했다.[115] 그렇지만 이런 종류의 잠언적인 언급 이상의 것은 찾기가 매우 어렵다. 따라서 우리는 추측에 의존할 수밖에 없다. 외적인 관계라는 면에서는 베버는 학문을 정식교육, 생활영위 방식 및 직업위세에 의해서 균질화된 동류(同類)의 사람들이 전문직이라는 권위를 내세워서 조언(助言)활동을 하는 직업신분적인 조직으로 이해하였다.[116] 왜냐하면 베버에게는 이런 종류의 직업조직들이 특히 '객관적인 전문가적 감정(鑑定)의 **발표**나 또는 아주 '세심하고' 평온한 행정일'에 적합하다고 생각되었기 때문이다.[117] 내적인 관계라는 면에서는, 학부 교수단에 관한 그의 언급이 보여주는 바와 같이[118] 확실히 베버는 합의제원칙이 유효하다고 보았으며, 더욱이 그것을 학부 교수들 간의 일종의 '신분제적 권력분립'으로뿐만이 아니라 그들 내부에서의 지도원리로도 보았다.[119] 그러나 '단체'의 두드러진 자수성〔自首性(Autokepalie) : 지도자와 단체간부가 그 단체 자체의 질서에 의해 임명되며, 단체 밖에 있는 자에 의해 임명되지 않는 것을 말한다.〕에 의해 버틴다고 생각될 수 있는[120] 그 두 개의 것, 즉 직업신분적인 대표제와 합의제조직 때문에, 베버는 학문을 순수한 '이해관계자들에 의한 경영체'이며 정치적인 시장기회를 향하고 있는 자발적인 정치투쟁단체와는 정반대쪽에 놓는다.[121] 이 대극화(對極化)가 왜 베버가 정치는 강단에 속하는 것이 아니라고 몇 번이고 되풀이하여 강조했는지를 설명해준다. 강의실은 말하자면 시장원리의 지배와는 어긋나게 조직되어 있는 제도적 조직의 일부이다. 어느 한 교의(敎義)의 '올바름'을 다수의 동의와 연결시킬 수 없는 바와 같이, 추종자들을 동원한 후에만 최종적으로 그 '올바름'을 증명할 수 있는 태도결정은 제도적으로 금지되어 있다. 강단예언에 대한 베버의 발언은 학문의 자율성을 지키고 또 그 악용을 반대하기 위한 발언 이외에 다른 것이 아니다. 즉 그는 대학이 교회나 종파로도 또 국가를 지지하는 안슈탈트(Anstalt)로도 악용되지 않는 것을 보고 싶어했다.[122]

독재적으로 지도되는 관료제조직, 민주적으로 지도되는 자발적 조직, 합의제에 따라 지도되는 전문직조직,[123] 이것들이 베버가 행정, 정치 및 학문의 제도적 고정화를 해석할 때 사용한 세 가지 모델인 것 같다. 이러한 해석을 받아들인다면, 그 세 모델간의 관계는 상호보완의 관계로 서술될 수 있을 뿐만 아니라 경쟁관계로도 서술될 수 있다. 세 제도는 각각의 특수한 권한 즉 〔행정〕집행, 결단, 조언이라는 권한을 통해서 서로 보완한다. 또 그 세 제도는 각각의 특수한 권위, 즉 정치적 권위, 행정적 권위, 전문직적 권위에 의해서 서로 경쟁한다. 이 경우 행정적 권위와 전문직적 권위는 둘다 똑같이 정치적 권위에 대항한다. 그 두 권위는 정치가를 아마추어(Dilettant), 문외한(門外漢)으로 만들려는 전략에 동기를 준다. 정치가는 자신의 정당성의 근거를 학문 밖에서 얻고 '활동하는 의회'의 협력을 통해 행정의 직무상의 지식에 맞설 줄 알 때에만, 그 두 권위에 대항할 수 있다. 그러나 정치가 학문과 행정으로부터의 이러한 자유를 획득할 수 있는 것은 정당한 권한에의 자기한정이라는 요구가 〔학문과 행정의〕 두 영역에 제도화되어 있는 가치들로부터 나올 때뿐이다. 〔그렇지만〕 그러한 것은 과학의 경우에는 특히 불확실하다. 왜냐하면 과학 자체가 그 결정적인 추진력이 되는, 해석을 필요로 하는 시대에는 과학은 각 방면으로부터 자극을 받아 그 한계를 넘어서게 되기 때문이다. 따라서 과학은 특수한 제도적인 보호가 필요하다. 그것은 그 자신과 다른 영역으로부터의 보호이다.

이로써 우리는 두 문제에 대답할 수 있는데, 그 두 문제란 〔첫째는〕 베버가 이론적인 관점에서는 실천에 대한 이론의 기여를 이용가능한 지식의 생산에 한정시키고 있는지, 또 〔둘째는〕 베버가 제도적인 관점에서는 결단과 전문가적 실행의 철저한 분리를 옹호하고 있는지이다. 지금까지의 분석이 보여준 바와 같이, 〔이 두 문제에 대한〕 두 개의 대답은 일반적으로 행해지는 것보다 더 세분화되지 않으면 안 된다. 왜냐하면 베버는 과학에 기술적 비판 그 이상의 것을 기대하고 있으며, 그래서 그는 인식과 결단의 관계에 대한 자신의 이론적인 구상의 제도적으로 완전한 실현을 정치와 행정의 관계 속에서 보고 있지 않기 때문이다. 그 이유는 이론적인 관점에서는 다음의 것이 타당하기 때문이다. 즉 합리적이며 경험적인 절차의 적용을 통해 과학은 정치가의 실천적 평가를 비판적으로 검토할 수 있으며,[124] 또 아울러 과학은 어떤 정치적인 결단을 할 때 구체적으로 책임져야 하는 것이 무엇인지를 정치가와 대중에게 의식시킬 수 있을 뿐만 아니라 또한 탈주술화라는 조건하에서는 그것 없이는 더 이상 정치가 행해질 수 없는 그러한 가치지향을 매개하는 데에도 공헌하기 때문이다. 그뿐만이 아니라 과학은 책임윤리적 신념의 보급에도 공헌하는데, 시민 특히 정치가가 그러한 신념을 수용할 때야 비로소 과학은 정치에 대해 행할 수 있는 기능을 실제로도 이행하는 것이다. 이렇게 해서 과학은 결단주의적 정치관 및 기술주의적 정치관과는 대립되는 사회의식을 키워준다. 즉 그 의식은 정치적 결단이 과학으로부터 완전히 독립해 있다거나 아니면 과학에 완전히 의존한다는 관념이 아니라, 정치적 결단이 특수한 형태로 과학과 관련되어 있다는 관념이다. 정치는 과학적 기준에 완전히 규정되어서는 안 되고 〔오히려〕 그 기준에 맞서지 않으면 안 된다. 양자(兩者)의 관계는 이론적인 관점에서 보면 단순히 기술적인 것도 아니며 또 일방적인 것도 아니다. 실천적인 태도결정에 대한 과학적인 비판에는 문화적 자기이해의 해석이라는 것도 포함되어 있으며, 또 반대로 이 해석은 과학으로 하여금 정치적으로도 중요한 새로운 문제를 제기하도록 자극을 준다. 특히 문화가치이념과 가치관계하에서 연구대상을 구성하는 사회과학은[125] 이러한 변증법적 과정 속에 있다. 즉 사회과학에게 있어서, 예를 들면 가치토론은 '주어진 현상에 대한 **있을 수 있는** 의미 있는 태도결정을 취하게 하는' 데 도움이 된다.[126] 따라서 제도적인 관점에서 다음과 같이 말할 수 있다. 즉 과학은 제도로서 상대적으로 자율적인 상태에 있지 않으면 안 된다고 말할 수 있다. 정치에 의해서 생활할 때에만 정치를 위해 살 수 있는 행정과는 달리, 과학은 정치를 위해 살 수 있기 위해서는 정치로부터 자유롭지 않으면 안 된다. 이러한 자율성은 파슨스(Parsons)의 표현을 바꿔서 말하면, 과학의 점유획득이 상아탑에서 결과적으로 생겨나서 과학의 결과가 '더럽혀지지 않고 수용'되는 데 없어서는 안 되는 것이 아니라, 가치토론이 그 범례(範例)인 과학과 정치 간의 커뮤니케이션을 열매 맺게 하는 데 없어서는 안 된다. 과학과 정치의 관계에 대한 베버의 모델을 결단주의의 변종(變種)으로 보는 것은 방법론적-윤리적 관점에서도 또 제도적 관점에서도 무리일 뿐이다. 베버의 모델은 화용론적 모델과 완전히 일치하지는 않는다 하더라도, 화용론적 특색은 분명히 갖고 있다.

　이렇게 말할 수 있는 근거는 두 개가 있다. 〔그 하나는〕 베버가 이론적 관점에서는 실천적인 태도결정에 대한 합리적인 비판가능성을 과소평가했다는 점이며, 〔또 하나는〕 제도적 관점에서는 사회적인 행위연관에 대해서 개별적 행위가 지니는 의의를 과대평가했다는 점이다. 이 두 가지 모두는 동일한 결점과 관계가 있는데, 그 결점은 베버가 고전적인 합리성모델에 집착하였다는 것이다. 한스 알버트(Hans Albert)와 니클라스 루만(Niklas Luhmann)은 가치토론이나 관료제모델을 예로 들면서 그러한 결점을 적발해서 제거하려고 하였다.[127] 그들의 논증을 베버의 구상 속에 넣는다면, 그 결단주의적 특색은 더 약해질 수 있다.

알버트는 충족이유(充足理由)의 원리를 비판적 검증의 원리로 대치(代置)하는 준거틀 속에서 가치토론에 관한 베버의 사상을 발전시키고 있다.[128] 가치토론의 가능성 및 한계에 대한 베버의 규정을 이 준거틀과 비교해보면, 다음과 같은 점이 분명해진다. 즉 그것은 베버가 '윤리적 근본주의와 다원주의'를 제멋대로 결합시키는[129] 실존적 합리주의를 주장하였다는 것이다. 그 합리주의가 근본주의적이라고 하는 의미는 어떠한 근본입장에도 비판에 의해서는 도달할 수 없는 교의적(敎義的) 핵심이 있다는 것을 인정하는 한에서이다. 그리고 다원주의적이라는 의미는 그 합리주의가 서로의 전제 및 귀결에 대해 합리적으로 토론할 수 있는—사실상 존재하며 이론상 가능한—그러한 수많은 근본입장들로부터 출발하는 한에서이다. 〔그렇지만〕 한편에서는 가치입장들에 대한 비판가능성을 이처럼 인정하는 것과 다른 한편에서는 그 가치입장들의 고유한 교의적 핵심에 대한 비판에 그 한계를 설정하는 것은 알버트에 따르면 이치가 맞지 않는다. 인간이 자신의 기본적인 신앙내용에 대한 비판적인 검토를 거부한다는 것은 부정할 수 없는 사실이지만, 그러나 이것은 인간이 비판을 받아들이는 자세의 한계를 표현하는 것이지 비판절차의 한계를 표현하는 것이 아니다. 베버의 구상을 일관성 있는 것으로 만들고자 한다면, 그의 다원주의는 살리고 그 근본주의는 포기하지 않으면 안 된다. 그렇게 되면 가치지향은 그 모든 측면에서 비판적인 검토를 할 수 있을 것이다. 비판적인 검토는 무엇보다도 실천적인 태도결정의〔실제적인〕실현가능성을 문제 삼는다. 왜냐하면 실현가능성의 요청(要請)이 '당위명제(當爲命題)와 사실발언(事實發言) 간의 거리를, 따라서 또한 과학과 윤리 간의 거리를'[130] 극복하는 데 도움을 주는 많은 가교원리(架橋原理) 중의 하나이기 때문이다. 비판이 앞으로도 계속 결단이 행해지지 않으면 안 되는 것을 막을 수는 없지만, 그 경우 결단이 합리화될 수는 있다.

이런 식으로 베버의 구상을 비판적으로 수용하는 것은 이전(以前)의 분석에서 얻어진 중요한 견해, 즉 책임윤리가 신념윤리보다 '우위'에 있다는 견해를 뒷받침한다. 베버가 책임윤리를 신념윤리 위에 놓았다는 견해로부터 출발한다면, 알버트의 논증은 베버의 논증과 모순없이 접합한다. 사실 책임윤리는 비판적 합리주의의 그것이기도 한 도덕적 요청, 즉 너는 너의 궁극적인 신념을 비판에 내맡겨야 하며 또 그것을 실현가능성에 비춰서 검토해야 한다는 도덕적 요청을 정식화하고 있다.[131] 왜냐하면 궁극적인 문제해결[132]이라는 것이 존재하지 않기 때문이다. 그러므로 인식과 결단의 관계에 대한 베버의 구상 속에 근본주의적 성분과 함께 결단주의적 성분이 들어 있음에도 불구하고, 그의 구상에서는 비판주의적 성분이 우위(優位)를 차지하고 있다. 즉 베버에게서 보이는 맹아는 방법론적-윤리적 관점에서 큰 어려움 없이 화용론적 모델로 변환(變換)될 수 있다.

〔그렇지만〕제도적인 수준에서는 이것은 그처럼 단순한 일이 아니다. 베버는 자신의 구상을 제도적인 수준에 옮겨 놓을 때, 결단주의적 성분을 방법론적-윤리적인 기본구조에서 보아 정당하다고 생각되는 것보다 확실히 더 많이 중시하였다. 그가 제도적인 수준에서는 주로 관료제에 대한 정치가의 관계를 논하고 있다는 것이 이미 그 하나의 증거이다. 게다가 그는 이 논의를 인격주의적인 어조로 전개하고 있다. 즉 그에게서의 문제는 어떻게 하면 관료제의 우세로부터 개인주의적 활동의 자유가 보호될 수 있는가이다.[133] 베버가 보기에는 합리화과정이 '목적합리적 행위의 하위체계'를 만들어냈지만,[134] 이 하위체계는 고유의 법칙성을 전개하며 또 그것에 의해서 인간의 욕구로부터 벗어난다. 베버의 견해에 따르면, 이러한 하위체계를 '목적에 맞게(zweckmäßig)' 설정하는 것은 '지도적인 정신', 즉 인격을 지닌 인물뿐이다. 따라서 그러한 인물을 국가나 경제의 최고명령권자로 내세우지 않으면 안 된다. 정치가와 기업가는 체계의 강제에 의해 좁아진 사회 속에서 도덕적인 자질의 힘으로 목적을 설정해야 하며, 또 이 목적을 목적합리적 행위의 하위체계에 대한 자신들의 지배력을 통해서 실현해야 한다. 니클라스 루만이 지적한 바와 같이, 베버는 정치가와 관료제의 관계 및 기업가와 경영의 관계를 개별적 행위수준에서 구

상된 — 그리고 하나의 명령모델로 번역되는 — 목적-수준 도식(Zweck-Mitteln-Schema)에 근거해서 해석하고 있다.[135] 이것은 왜 베버의 분석의 많은 구절에서는 탈주술화라는 조건하에 있는 '체계'의 합리성이 정치가 및 기업가의 행위의 합리성과 연결되어 있는지를 설명해준다. 또한 그것은 왜 그가 유독 위대한 인물들만이 '체계'에 대한 시민의 신뢰를 불러일으키고 안정되게 할 수 있다고 믿는지도 설명해준다.[136] 제도적인 수준에서는 베버의 모델은 여전히 양면적(兩面的)이다. 즉 그는 행위의 합리성과 체계의 합리성, 개인에 대한 신뢰와 체계에 대한 신뢰를 부분적으로는 다음과 같은 방식으로 양극(兩極)에 놓았는데, 그것은 제도를 분석할 때 구조결정론보다는 자발주의(Volumtarismus)를 또 제도적인 제약보다는 개인의 자유재량을 상위에 놓는 방식이다.[137] 그렇지만 베버의 제도적 모델이 이러한 특색을 갖고 있다고 해서, 비판주의적 사상에 대응하는 저 특색을 간과해서는 안 된다. 그것은 무엇보다도 하나의 제도로서의 가치토론에서 그 구체적인 예를 찾아볼 수 있다. 결단주의적 특색보다 이 비판주의적 특색을 강조하고자 한다면, 베버의 모델을 어쨌든 그 모델을 그 모델을 규정하고 있는 당시의 문맥으로부터 해방시켜야 할 뿐만 아니라 또한 인격주의적 분석보다는 구조사적인 분석에 우위를 두어야 한다.[138] 이렇게 한다면, 베버에게서 보이는 맹아는 제도적인 수준에서도 화용론적 모델에 접근할 수 있다.

학문과 정치의 관계에 대한 베버의 모델은 양면적이며 결함이 있다. 따라서 그 모델의 특색을 솔직하게 나타낼 뿐만 아니라 그것을 더욱 발전시킬 필요가 있다. 그럼에도 불구하고, 행해진 지가 이미 50년도 더 된 두 강연 속에 그 윤곽만이 스케치되어 있는 이 모델은 오늘날에도 여전히 현실성을 갖고 있다. 그 모델 속에는 학문과 정치의 관계가 패러다임처럼 정식화되어 있기 때문이다.[139] 이러한 사실이 그 모델을 한 학문전통의 단순한 유물 그 이상의 것으로 만들고 있다. 즉 이 모델이 다루는 문제는 〔오늘날에도〕 여전히 과학적 성찰과 정치적 실천에 부과되고 있다.

## 주

빈번하게 이용되는 막스 베버의 저작들에 대해서는 다음과 같은 약자를 사용한다 — 옮긴이

WuG = 경제와 사회(Wirtschaft und Gesellschaft. Grundriß der verstehenden Soziologie), 요하네스 빙켈만(Johannes Winckelmann)에 의해 편집, 제4판, Tübingen 1956.

WL = 과학논집(Gesammelte Aufsätze zur Wissenschaftslehre), 요하네스 빙켈만에 의해 편집, 제2판, Tübingen 1958.

SS = 사회학과 사회정책 논집(Gesammelte Aufsätze zur Soziologie und Sozialpolitik), Tübingen 1924.

PS = 정치논집(Gesammelte Politischen Schriften), 제2판, Tübingen 1958.

RS I, II, III = 종교사회학 논집(Gesammelte Aufsätze zur Religionssoziologie), *photomechanisch gedrukte Auflage*, Tübingen 1972(I), 1972(II), 1973(III).


1) Max Weber, SS, S. 420
2) 보충 해설 : 강연 〈직업으로서의 학문〉과 〈직업으로서의 정치〉의 날짜 문제에 대하여.

  두 강연의 날짜는 관계문헌을 보아도 분명하게 나타나 있지 않다. 마리안네 베버에 따르면 두 강연은 1918년에 행해지고 1919년에 책으로 나왔다(다음을 참조하라. Marianne Weber, *Max Weber. Ein Lebensbild*,

Tübingen 1926, S. 719). 요하네스 빙켈만은 우선 출판날짜에 근거를 두고서 ―〈직업으로서의 학문〉은 1919년, 〈직업으로서의 정치〉는 보다 정확하게는 1919년 10월 ―, 물론 추측이긴 하지만 두 강연은 1918년부터 1919년의 혁명기의 겨울에 뮌헨에서 학생들을 상대로 행해졌다고 말한다(그가 새로 편집한 과학논집(제3판, Tübingen 1968)의 p. 582와 정치논집의 p. 493의 해당 각주를 참조하라). 에두아르트 바움가르텐(Eduard Baumgarten)은 [베버의] 편지교환에서 안 바를 근거로 해서 다음과 같은 견해를 제시하고 있다. 즉 두 강연은 2, 3주 사이에 행해졌는데, 〈직업으로서의 학문〉은 아마도 1919년 1월 16일에 행해졌을 것이며 〈직업으로서의 정치〉는 확실히 1919년 1월 28일에 행해졌다고 한다(다음을 참조하라. Eduard Baumgarten, 〈Zur Frage der Datierung der Vorträge Webers : Wissenschaft als Beruf und Politik als Bertuf〉, Arbeitsstelle der Max-Weber-Gesamtausgabe bei der Bayerischen Akademie der Wissenschaften). 두 강연은 바이에른 자유학생연맹을 위한 연속강연〈직업으로서의 정신노동(Geistige Arbeit als Beruf)〉의 일부로서 행해졌는데, 이때 이 연속강연의 공동발기인이자 집행부의 일원(一員)인 임마누엘 비른바움(Immanuel Birnbaum)은 베버에게 두 강연을 승낙하도록 이유를 설명한 사람이 자기였다고 주장하고 있다. 비른바움은 우선 강연 〈직업으로서의 학문〉에 대해서는 베버의 승낙을 얻었는데, 그 주제가 베버 '자신의 마음에 걸려 있는'[베버 자신에게 잊혀지지 않는] 것이었기 때문에 승낙받는 일은 어렵지 않았다고 한다. 〈직업으로서의 정치〉의 강연도 맡아달라는 요청은 1918년의 11월혁명 직후에 행해졌는데, 이것은 거절되었다고 한다. 그 이유는 그때가 바로 베버 자신이 정치가로서의 자신의 능력에 대해 의심한 인생국면(人生局面)에 있었던 시기였기 때문이라는 것이다. 베버가 이 주제에 적합하다고 추천한 사람은 '오래전부터 그가 민주주의로 나아가는 독일의 주어진 지도자로 여겨온' 프리드리히 나우만

(Friedrich Naumann)이었다고 한다. 나우만은 병을 이유로 거절했으며 급진적인 학우들은 쿠르트 아이스너를 초청하고 싶어한다고 거의 협박해서야 비로소, 베버로 하여금 그 주제를 받아들이도록 할 수 있었다고 한다. 이 서술에 따르면, 두 강연 사이에는 2, 3주가 아니라 몇 달이 있었음에 틀림없다(다음을 참조하라. Immanuel Birnbaum, 〈Erinnerungen an Max Weber〉, in : René König und Johannes Winckelmann(Hrsg.), *Max Weber zum Gedächtnis*, Köln und Opladen 1963, S. 19 ff. 그리고 또 1970년 7월 15일 요하네스 빙켈만에게 보낸 그의 편지도 참조하라. 이 편지는 〔바이에른 과학아케데미에 있는〕 막스 베버 전집편찬실에 보관되어 있다). 볼프강 J. 몸젠(Wolfgang J. Mommsen)이 1917년 11월 9일자의 《뮌헨시사신보 *Münchner Neuesten Nachrichten*》의 기사에 근거해서 〈직업으로서의 학문〉의 강연이 연속강연 〈직업으로서의 정신노동〉의 첫번째 강연으로서 1917년 11월 초에 자유학생연맹의 바이에른지부(支部) 학생들을 상대로 뮌헨의 슈타이니케(Steinicke) 예술홀에서 행해졌다는 것을 증명한 한에서는, 처음으로 그가 기억과 추측으로 이루어진 이 덤불의 가지를 쳐서 탁 트이게 하였다. 게다가 베버와 미나 토블러(Minna Tobler) 사이에 오간 편지에는 여러 번 연기되지 않으면 안 되었던 1919년 초의 두 강연이 화제에 올라와 있기 때문에, 몸젠은 다음과 같이 추측하고 있다. 즉 〈직업으로서의 학문〉은 게다가 두 번 강연되었으며 또한 〈직업으로서의 정치〉와 함께 아마도 1919년 3월 두 번째 주에 행해졌을 것이라고 추측하고 있다(다음을 참조하라. Wolfgang J. Mommsen, *Max Weber und die deutsche Politik 1890~1920*, 개정증보된 제2판, Tübingen 1974, S. 289 f.와 S. 345).

그렇지만 이 날짜도 역시 정확하지 않다. 이것은 뮌헨시사신보의 도움을 받아 재검토한 결과 밝혀졌다. 바이에른 과학아카데미 막스 베버 전집편찬실의 마르틴 리제브로트(Martin Riesebrodt)가 고맙게도 나를 위해 그

재검토작업을 해주었다. 재검토한 바에 따르면, 〈직업으로서의 학문〉은 (몸젠이 생각하는 것처럼 1917년 11월 8일이 아니라) 1917년 11월 7일에 행해졌으며(다음을 참조하라. *Münchner Neueste Nachrichten*, Jg. 70, Nr. 564, 1917년 11월 7일 수요일 석간 2면의 3단. 또한 이와 함께 Nr. 567, 1917년 11월 9일 금요일 조간 3면의 1단), 강연 〈직업으로서의 정치〉는 바움가르텐이 이미 올바르게 확정한 바와 같이 1919년 1월 28일에 행해졌다(다음을 참조하라. *Münchner Neueste Nachrichten*, Jg. 72, Nr. 41, 1919년 1월 25일 토요일 조간 2면의 5단 : "막스 베버 교수(하이델베르크)는 1월 28일 화요일 저녁 7시 반에 슈타이니케 예술홀에서 〈직업으로서의 정치〉에 대해 강연한다"). 그런데 강연에 대한 신문보도가 지금까지 없기 때문에, 베버가 이 기일(期日)을 지키지 못한 것은 아닌가라는 점도 완전히 배제할 수는 없다. 그렇지만 그 기일이 몸젠이 지적하는 3월 두 번째 주(週)라는 것은 고려할 가치가 없다. 왜냐하면 그때 베버는 다른 두 주제에 대해 강연하고 있기 때문이다. 즉 1919년 3월 12일에는 뮌헨대학 사회과학회에서 〈서양의 부르주아계급(Abendländisches Bürgertum)〉에 대해서, 1919년 3월 13일에는 독일의 학생정치단체(독일국민학생연맹)을 상대로 〈학생과 정치(Student und Politilk)〉에 대하여 각각 강연하고 있다(다음을 참조하라. *Münchner Neueste Nachrichten*, Jg. 72, Nr. 111 und 112, 1919년 3월 10일 월요일 조간 3면의 3단 그리고 석간 2면의 4단). 베버가 〈직업으로서의 학문〉을 두 번 강연했다는 추측 역시 아마도 거의 확실하게 배제될 수 있다. 왜냐하면 그가 이것을 동일한 연속강연의 틀 속에서, 동일한 집회에서, 동일한 지역의 동일한 홀에서 해야 했을 것이기 때문이다. 이러한 추측이 생겨날 수 있었던 것은 에두아르트 바움가르텐과 볼프강 J. 몸젠이 [메미와 미나 도블리 사이에 오간] 편지에서 인용한 1919년 초의 두 개의 뮌헨강연과 관련이 있다. 여러 번 연기된 이 두 의무는 그러나 분명히 이미 앞에서 언급한 두 주제, 즉 '서양의 부르주아계급'과 '학생과 정치'에 해당된다.

여기서 제시한 날짜는 또한 1924년 10월 26일 프리트요프 노악(Frithjof Noack)이 마리안네 베버에게 보낸 편지로부터도 확증되는데, M. 라이너 렙시우스(M. Rainer Lepsius)의 호의로 나는 이 편지를 볼 수 있었다. 아마도 전기(傳記)를 준비하기 위해 마리안네 베버가 자유학생연맹의 일원이었던 노악에게 두 강연과 1918년 11월 4일의 독일의 신질서에 대한 강연에 관해서 조사해 달라고 부탁한 것 같다. 그 편지에는 비른바움의 태도결정도 자세히 언급되어 있는 이 조사의 성과가 들어 있다. 노악은 〈직업으로서의 학문〉은 1917년 11월 초에 행해졌는 데 반해서 〈직업으로서의 정치〉는 그보다 1년 반 후에 비로소, 즉 1919년 2월 아니면 3월에 행해졌음을 밝혀내고 있다. 그 후 베버는 인쇄하기 위해서 두 강연을 속기(速記)노트에 근거해서 퇴고(推敲)하였다. 《직업으로서의 학문》이 1919년 초에는 이미 분명히 인쇄 중에 있었는 데 반해서, 《직업으로서의 정치》의 원고는 아마도 1919년 3월 이전에는 '인쇄에 들어가지' 않았을 것이다.

3) 보충해설 : 자유학생연맹의 연속강연에 대하여.

이 연속강연은 자유주의좌파 학생집단인 바이에른 자유학생연맹에 의해 개최되었는데, 이 집단은 당시에는 마리안네 베버가 명확히 표현하는 바와 같이 '혁명적인 입장과 국민애국주의적 입장'의 갈림길에 서 있었다(다음을 참조하라. Marianne Weber, a. a. O., S. 639). 연속강연을 개최한 계기가 된 것은 '직업과 청년(Beruf und Jugend)'에 대한 알프레드 베버(Alfred Weber)의 제자 알렉산더 슈밥(Alexander Schwab)의 논문이었는데, 이 논문에서는 직업생활이 학문정신에 기초한 생활과 일치되지 않는다고 생각한다는 점에서 직업생활을 찬성하지 않았다. 이러한 판단이 정당한지를 재검토하는 것이 연속강연의 목적이었다. 임마누엘 비른바움이 《직업으로서의 학문》의 제1판의 후기(後記)에서 정식화하는 바와 같이, 강연은 '전문가의 의견'이라는 것으로 되어 있었다. 네 개의 '직업분야' — 학문, 교육, 예술 및 정치 — 를 실례(實例)로 삼아 똑같은 문제가 추구되었는데, 그것은 이 세상을 도피하거나 아니면 이 세계에 단순히 영합하지 않고서 말의 진정한 의미에서의 직업, 즉 '정신적인' 직업이 어떻게 하면 오늘날에도 가능한가라는 문제이다.

베버 이외에 케르셴슈타이너(Kerschensteiner), 하우젠슈타인(Hausenstein)(노악은 세 번째 사람은 셰퍼(Schäfer)라고 주장하는 반면에, 비른바움은 세 번째 주제는 신학이었으며 예정된 강연자는 리페르트(Lippert)였다고 주장하고 있다) 그리고 나우만(Naumann)이 예정되어 있었다. 베버가 이 학생 서클을 알게 된 것은 아마도 에른스트 톨러를 알게 된 것과 비슷하게 1917년 9월 말 라우엔슈타인성(城)에서의 집회로 거슬러 올라간다. 베버는 9월 29일 이 집회에서 이미 '인격과 생활질서(Die Persönlichkeit und die Lebensordnungen)'라는 주제로 강연을 했었는데, 이 주제를 보면 그는 '중간고찰(Zwischenbertrachtung)'을 기초로 해서 《직업으로서의 학문》의 첫번째 초고를 쓴 것이 아닌가라고 추측할 수 있다(이 점에 대해서는 다음을 참조하라. Marianne Weber, a. a. O., S. 612). 그 이후 자유학생연맹의 회원들은 여러 번 뮌헨에 들른 베버의 청중이 되고 토론상대자가 된 것 같다. 협조강화에 찬성하고 범독일주의의 위험에 반대한 1917년 11월 5일의 대연설, 1917년 11월 7일의 〈직업으로서의 학문〉, 1918년 11월 4일의 독일의 정치적 신질서에 대한 연설 — 뮌헨혁명 때 중심역할을 한 에릭 카첸슈타인(Erich Katzenstein) 집에서 계속된 모임에서는 바로 그 혁명의 가능성이 토론되었다 —, 1919년 1월 28일의 〈직업으로서의 정치〉 그리고 마지막으로 1919년에서 1920년의 겨울학기 중에 행해진 베버와 슈펭글러(Spengler) 간의 기억할 가치가 있는 토론, 이러한 것들이 그 기회가 되었다. 이와 동시에 베버는 이러한 토론의 장(場)을 넘어서 혁명을 꿈꾸는 문화보헤미안들의 일부와도 '공공연하게' 계속

접촉하였다. 노악이 마리안네에게 보낸 보고에는 다음과 같은 표현이 보인다 : "그의 청중 속에 자유독일파 학생과 시적(詩的)이며 혁명의 신념을 지닌 비교적 젊은 학생집단(트룸믈러(Trummler), 로트(Roth) 등등)도 있었다는 것은 베버에게 있어서는 매우 중요하였습니다. 베버는 [뮌헨에] 체류할 때에는 그들과 사적(私的)으로도 토론하였습니다…… 두 강연 (〈직업으로서의 학문〉과 〈직업으로서의 정치〉라고 생각됩니다)에서 행한 말의 대부분은 특히 이런 경향의 청년들에게 행해진 것이며, 두 번째 강연에서는 아마도 에른스트 톨러에게도 향해져 있을 것입니다(비른바움은 톨러와 함께 그때 마침 그륀발트호텔의 막스 베버의 방에 있었습니다). 바로 이 혁명적인 분위기를 지닌 집단과 토론하고 싶은 베버의 욕구가 얼마나 강했는지는 그가 레빈(Levien)도 알고 싶어했다는 사실로부터 가장 잘 짐작할 수 있습니다. 왜냐하면 레빈은 이미 오래전부터 러시아의 볼셰비스트들에 대해 더 이상 공감(共感)하지 않았기 때문입니다."(뮌헨의 문화보헤미안들의 분위기에 대해서는 다음을 참조하라. Martin Green, *The Richthofen Sisters*, New York : Basic Books 1974, 특히 S. 85 ff. 그러나 이 책은 사회학적 범주의 결여라는 점에서 결함이 있다. 뮌헨과 베버의 다양한 관계에 대해서는 특히 다음을 보라. M. Rainer Lepsius, 〈Max Weber in München〉, in : *Zeitschrift für Soziologie*, 6, 1977, S. 103 ff.)

그렇지만 자유학생연맹과의 관계는 베버에게 있어서는 또 하나의 보다 근본적인 의의가 있었다. 이런 종류의 단체에서 그는 다음과 같은 어떤 가능성을 보았다. 즉 내적인 붕괴, '구역질을 일으키는 노출증' 그리고 일체의 '자제심'의 상실이라는 단계를 거친 후의 독일에서 새로운 정치문화, [다시 말해서] 사적인 것과 공적인 것, 개인적인 의미문제와 집단적인 의미문제를 구별할 수 없을 정도로 끊임없이 혼동시키는 일이 없는 즉물성(卽物性, Sachlichkeit) 및 수치심의 문화가 탄생할 수 있는 가능성을 보았다. 베버는 독일이 외면적으로뿐만 아니라 내면적으로도 이미 끝났다고 보았다 : "비슷한 사정에 있었던 그 어떤 민족 — [예를 들면] 아이고스포타모스[전쟁]과 카이로나니아[전쟁] 후의 아테네와 또한 1871년의 프랑스 — 의 체면이 일찍이 그런 적이 없었을 정도로 현재 우리의 '체면'은 손상되었다." 불가결한 내적인 재건(再建)을 할 수 있는 것은 그가 보기에는 교회가 아니라 종파(宗派)뿐이며, 또 안슈탈트(Anstalt)[어떤 정식의 의지표시나 명확한 선서에 의해서가 아니라 출생, 교육 또는 거주사실에 의해 그 소속원이 되며 규칙을 통해서 소속원을 강제장치에 복종시키는 게마인샤프트, 즉 국가, 교회, 학교 등을 가리킨다]가 아니라 결사(結社)뿐이었다. 다시 말하면 미국식 클럽뿐이었는데, 그 이유는 그 클럽은 자유의지와 배타성의 원리에 기초를 두고 있기 때문이다. 베버는 그 싹이 바로 자유학생연맹에서 나타나고 있다고 보았다. 그래서 그는 이 연맹에 정치적인 공감만이 아니라 말하자면 사회학적인 공감도 느낀 것이다(이러한 생각에 대해서는 뮌헨의 고대문헌학자 프리드리히 크루시우스에 보낸 1918년 11월 24일자의 베버의 편지를 참조하라. 다음에 인용되어 있다. Marianne Weber, a. a. O., S. 647 f. 그러나 이 편지는 분명히 정확하게는 복원되어 있지 않다. 이 점에 대해서는 다음을 참조하라. Wolfgang J. Mommsen, a. a. O., S. 347. 나는 편지 원본은 입수하지 못하였다).

4) Max Weber, PS, S. 547.
5) 베버는 그 신념이 거짓 없는 사람 [확실하게 신념을 지닌 사람]과 신념을 지녔다고 다만 생각하는 것에 불과한 사람을 구별한다. 그 시금석(試金石)은 자기 행위의 결과가 자기 자신에게 불리하게 전개되는 경우에도 자신의 입장을 고수한다고 하는 신념윤리가의 각오이다. 예언자가 되고자 하는 사람은 일을 하다가 세계의 비합리성에 부딪혀서 좌절하는데, 그는 그 좌절에 무너지지 않고 그 좌절을 감수할 수 있어야 한다. 다시 말해서 그는 순교할 각오를 하지 않으면 안 된다. 베버는 당시의 좌익 신념윤리가

들 중에서도 극소수만이 그렇게 할 수 있다고 생각하였다 — 그렇지만 로자 룩셈부르크(Rosa Luxemburg)와 칼 리프크네히트(Karl Liebknecht)는 그렇게 할 수 있을 것이라고 가장 일찍부터 생각하였다. 물론 그는 그들의 가두정치(街頭政治)는 매우 단호하게 거부하였다(이에 대해서는 다음의 것도 참조하라. M. Rainer Lepsius, a. a. O., S. 106 ff. 특히 S. 108.).

6) 막스 호르크하이머(Max Horkheimer)는 특히 비교분석과 이념형구성에 의한 베버의 이화기술(異化技術, Verfremdungstechnik)〔객관화기술〕의 이러한 효과에 대한 하나의 증거를 제시한다. 그 자신이 보고하는 바와 같이, 호르크하이머는 1919년 '사회과학의 가장 일반적인 범주'에 대한 베버의 강의에서 현재의 상황을 어떻게 이해하며 또 현재의 상황에서는 어떻게 행동할 수 있는가에 대한 지침을 얻고 싶은 기대를 품고서 소비에트체제에 대한 분석을 들었지만, 시사문제를 다루는 베버의 방식에 완전히 실망하고 말았다. 호르크하이머는 다음과 같이 말하고 있다 : "강당은 터질 듯이 꽉 찼지만, 심한 실망이 있었습니다. 과제설정의 경우만이 아니라 미래의 이성적인 건설이라는 사상이 한 걸음씩 나아갈 때마다 안내가 될 이론적인 성찰 및 분석 대신에, 우리는 러시아체제에 대해 섬세하게 고려된 정의와 소비에트질서를 규정할 수 있는 통찰력 있게 정식화된 이념형들을 두세 시간 동안 들었습니다. 그 모든 것은 매우 정확하고 과학적으로 엄밀하였으며 또 가치자유적이었기 때문에, 우리는 완전히 의기소침해서 집으로 돌아갔습니다."(다음을 참조하라. Max Horkheimer, in ; Otto Stammer(Hrsg.), *Max Weber und die Soziologie heute*, Verhandlungen des 15. *Deutschen Soziologentages*, Tübingen 1965, S. 65 f.) 이러한 이화(異化)는 '몰주관성의 영웅주의(Heroismus der Sachlichkeit)'의 일부이며 따라서 음란한 감(感)이 있었다고 외르크 폰 카퍼(Jörg von Kapher)는 증언하고 있다(다음에서 인용하였다. Marianne Weber, a. a. O., S. 674 f.). 베버는 자신의 강의에 대해 다음과 같이 말

하고 있다 : "······나는 완전히 추상적으로, 순수하게 개념적으로 말한다 — 의도적으로"(같은 책, S. 676)).

7) Max Weber, WL. S. 594.

8) 두 강연 이외에 — 보충으로서 — 다음의 것들이 참고된다 : 〈사회학 및 경제학에서의 '가치자유'의 의미(Der Sinn der 'Wertfreiheit' in den soziologischen und ökonomischen Wissenschaften)〉, in : WL, S. 489 ff., 〈신질서 독일의 의회와 정부(Parlament und Regierung im neugeordneten Deutschland)〉, in : PS, S. 294 ff. 그리고 〈독일에서의 선거법과 민주주의 (Wahlrecht und Demokratie in Deutschland)〉, in : PS, S. 233 ff.(이 점에 대해서는 다음의 것도 참조하라. Marianne Weber, a. a. O., S. 328 ff.) 첫번째 논문(1913년에 처음 발표)은 방법론적-윤리적인 수준과 관계가 있으며 특히 《직업으로서의 학문》과 연결될 수 있는 데 반해서(다음의 것도 참조하라. Marianne Weber, a. a. O.), 뒤의 두 논문은 제도적인 수준과 관계가 있다.

9) Max Weber, WL. S. 132.

10) 같은 논문[〈로셔와 크니스(Roscher und Knies)〉]의 69페이지에는 다음과 같이 씌어 있다 : "이 경우 '해명가능성'은 '해명할 수' 없는 자연현상에 비하면 '계산가능성[예측가능성]'이라는 하나의 플러스를 준다."

11) 객관성논문에서 베버는 모든 문화과학의 선험적인 전제는 '우리가 세계에 대해서 의식적으로 **태도**를 결정하고 또 세계에 **의미**를 부여하는 능력과 의지를 지닌 문화인이라는 것'이라고 주장하고 있다. WL, S. 180. 나는 이 주장과 저 [본문에서의] 첫번째 의미변형인 인격개념의 사용법 사이에는 어떤 관련이 있다고 생각합니다. Dieter Henrich, *Die Einheit der Wissenschaftslehre Max Webers*, Tübingen 1952, S. 82 f.에도 비슷한 생각이 보인다.

12) 이 점에 대해서는 라인하르트 벤딕스(Reinhard Bendix)의 토론기고문을

참조하라. in : Otto Stammer(Hrsg.), a. a. O., S. 188.

13) 이것은 하이델베르크 사회학자대회에서 헨리히와 파슨스가 각각 제안한 해석들에 대한 일종의 종합이 될 수 있을 것이다. 이 점에 대해서는 양자(兩者)의 제안을 참조하라. in : Otto Stammer(Hrsg.), a. a. O., S. 39 ff., S. 81 ff.

14) 다음을 참조하라. Jürgen Habermas, 〈Verwissenschaftlichte Politik und öffentliche Meinung〉, in : *Technik und Wissenschaft als 'Ideologie'*, 제2판 Frankfurt 1969, S. 120 ff.

15) 같은 책, S. 121.

16) 같은 책, S. 122 ff. 하버마스는 궁극적인 핵심을 합리화될 수 없는 것으로 간주해서 그것을 결단의 고유한 대상으로 삼는 그 변종(變種)도 언급하고 있다.

17) 같은 책, S. 126 ff.

18) 같은 책, S. 137(원문에는 일부분이 격자체로 인쇄되어 있다).

19) 내가 보기에는, 이론과 실천의 관계에 대한 베버의 이론모델이 행정과 정치적 지도의 제도적 관계로 번역된 것은 종래의 많은 해석에서 볼 수 있는 결함이다. 이러한 처리방식도 이해할 수 없는 것은 아니다. 왜냐하면 베버는 학자뿐만 아니라 관료에 대해서도 전문가에 대해 말하는 것처럼 말하고 있기 때문이다. 〔그렇지만〕 베버는 '전문자격의 종류'도 고려하면서 학자와 관료를 구별하였으며 바로 그렇기 때문에 정치에 대한 그들의 관계를 각각 다르게 규정하지 않으면 안 되었다는 것을 나는 보여주려고 노력할 것이다. 그렇게 하면, 베버에 반대해서 파슨스가 붙인 유명한 각주(脚註), 즉 베버는 관료제적 행정간부의 기술적 권한과 법률적 권한을 결합시킴으로써 하나의 자립적인 권위의 원천으로서의 전문권한을 간과하였으며 그래서 그의 사회학에서는 '전문직(Professions)'이라는 현상을 무시해 버렸다는 파슨스의 각주도 〔그 비판의 강도가〕 완화될 수 있을 것이다. 다음

의 것을 참조하라. Talcott Parsons, 〈Introduction〉, in : Max Weber, *The Theory of Social and Economic Organization*, A. M. Henderson and T. Parsons (transl.) und T. Parsons(ed.), Glencoe, Ill. : The Free Press, 1947, S. 58 ff., 주 4). 파슨스의 이러한 생각을 계속 밀고 나가서 베버의 지배사회학을 재정식화(再定式化)하는 것으로는 다음에서 볼 수 있다. Heinz Hartmann, *Funktionale Autorität. Systematische Abhandlung zu einem soziologischen Begriff*, Stuttgart 1964, S. 7 ff.

20) 베버가 이 양자택일을 이론적으로 극복할 수 있다는 것을 특히 헨리히는 보여주려고 시도하였다. 다음을 참조하라. Dieter Henrich, in : Otto Stammer(Hrsg.), a. a. O., S. 71 f. 베버는 그의 '양분(兩分)된 이성개념'에 근거해서는 이 문제를 풀 수 없다는 것이 널리 퍼져 있는 견해이다. 예를 들면 레오 슈트라우스와 허버트 마르쿠제처럼 매우 대조적인 저자들도 이 점에서는 견해가 일치하고 있다. 다음을 참조하라. Leo Strauss, *Naturrecht und Geschichte*, Stuttgart 1956, S. 37 ff. und Herbert Marcuse, *Kultur und Gesellschaft 2*, Frankfurt, 1965, S. 107 ff.

21) 이 점에 대해서는 다음을 보라. Max Weber, WL, S. 534 ff. 그리고 PS, S. 320.

22) 이렇게 말한다고 해서, 기술적 비판밖에 하지 못하는 과학은 어떤 '가치'도 없다고 하는 것은 결코 아니다. 그 반대이다. 기술적 비판이야말로 일반적으로 말해지는 것 이상으로 요구하는 바가 많다. 테크놀로지는 논리적으로 보면 법칙론적 가설의 동어반복적인 변형이지만, 그럼에도 불구하고 테크놀로지를 발명하는 데에는 '많은 건설적인 과학기술상의 상상력'이 필요하다. 기술과 또한 과학—그것이 기술적 지침을 주는 한에서—이 지니는 봉사기능은 생각하면서도 이 점이 함께 생각되고 있지는 않다. 이러한 사정을 특히 한스 알버트는 지적하였다. 인용에 대해서는 다음을 참조하라. Hans Albert, 〈Plädoyer für kritischen Rationalismus〉, in :

Das 198. Jahrzehnt. Eine Team-Prognose für 1970 bis 1980, Hamburg 1969, S. 298. 그리고 근본적인 점에 대해서는 다음을 참조하라. Hans Albert, *Marktsoziologie und Entscheidungslogik. Ökonomische Probleme in soziologischer Perspektive*, Neuwied 1967, S. 154 ff.

23) 합리화 대신에 나는 여기서 의식적으로 기술적 진보라는 개념을 사용한다. 베버는 물론 여러 가지 종류의 합리화 — 주관적으로 올바른 합리화와 객관적으로 올바른 합리화 — 를 알고 있다. 기술적 진보라는 것은 인과관계, 즉 법칙론적 지식이 적용된다는 의미에서의 '행위의 **객관적-기술적인** '올바름''의 증대를 의미한다. 다음을 참조하라. Max Weber, WL, S. 530.

24) Max Weber, WL, S. 593 f., S. 595.

25) Max Weber, WL, S. 599.

26) Max Weber, WL, S. 598.

27) 베버에 따르면 모든 행위, 모든 행위체계에는 신념가치와 성과가치가 있다. 이 둘의 관계가 어떻게 규정되어야 하는가는 궁극적인 태도결정의 문제이다. 이 경우 성과가치란 실현가능성, 따라서 획득할 수 있는 법칙론적 지식과의 일치를 의미한다. 과학은 그러한 지식을 제공하는 것이기 때문에, 임의(任意)로 설정된 목표의 실현가능성을 높여주게 된다. 그러나 행위체계로서의 과학 그 자체는 [목표설정이라는] 이 일의 밑에 있는 것이다. 그러한 한에서 과학은 루만이 말하는 의미에서의 반성적인 메커니즘이다. 이 점에 대해서는 다음을 참조하라. Max Weber, WL, S. 513 ; 그리고 Niklas Luhmann, 〈Reflexive Mechanismen〉, in : *Soziale Welt*, 17(1966), S. 1 ff.

28) Max Weber, WL, S. 610.

29) Max Weber, WL, S. 507.

30) 나는 가치질서(Wertordnung)와 가치 영역(Wertsphäre)을 구별하는 것이 의미 있다고 생각한다. 이 경우 가치질서란 가치의 영역들 자체를 '일관성 있게' 연관시키는 '이데올로기' 이다. 가치 영역은 베버가 말하는 의미에서는 윤리, 정치 등등이다.
31) Max Weber, WL, S. 507.
32) 가치자유(Wertfreiheit)가 평가를 하지 않음(Wertungslosigkeit)을 뜻하지 않으며 더군다나 가치 없음(Wertlosigkeit)을 뜻하지 않는다는 것은 베버 자신이 극히 인상 깊게 강조하였다. 이 점에 대해서는 다음을 참조하라. Hans Albert, *Traktat über kritische Vernunft*, Tübingen 1968, S. 62 ff.
33) 베버의 가치자유사상에는 방법적인 원리 그 이상의 것이 들어 있다는 것은 이미 전부터 잘 알려져 있다. 특히 다음을 참조하라. Karl Löwith, 〈Max Weber und Karl Marx〉, in : *Gesammelte Abhandlungen. Zur Kritik der geschichtlichen Existenz*, Stuttgart 1960, S. 9 ff. 최근에는 예를 들면 에른스트 토피취(Ernst Topitsch)가 이 입장을 주장하였다. 그의 기고논문을 참조하라. 〈Max Weber und die Soziologie heute〉, in : Otto Stammer(Hrsg.), a. a. O., S. 20.
34) Max Weber, WL, S. 609.
35) 베버는 이 정식화를 정치가에게 맨 처음 적용하였다. 그는 정치를 위해 (für) 사는 사람과 정치에 의해(von) 사는〔생계를 이어가는〕사람을 구별하고 있다. 다음을 참조하라. Max Weber, PS. S. 500.
36) Max Weber, WL, S. 609.
37) Max Weber, WL, S. 605.
38) Max Weber, WL, S. 492.
39) Max Weber, WL, S. 611.
40) Max Weber, WL, S. 612.

41) 이때 베버는 지성의 희생을 강요하는 종교적 태도를 관습을 통해 쉽게 타협하는 상대화(相對化)보다 또 그의 동료들의 강단예언보다 더 높이 평가하였다.

42) Max Weber, WL, S. 610.

43) Max Weber, WL, S. 611.

44) 이 점에 대해서는 다음의 것도 참조하라. Ralf Dahrendorf, 〈Ungewißheit, Wissenschaft und Demokratie〉, in : Harald Delius und Gunther Patzig(Hrsg.), *Argumentationen*, Göttingen 1964.

45) 나의 이 발언은 주관적으로 올바른 행동과 객관적으로 올바른 행동에 관한 베버 자신의 구별에 기초하고 있다. 모든 올바른 행동에는 당연히 정보를 제공하는 이론이 그 기초가 되지 않으면 안 된다.

46) 종교적 태도를 시대에 적합하지 않은 것으로 '평가'한다고 해서, 베버가 학자로서 종교적 지향의 사회적 의의와 영향을 과소평가하는 것이 아니며 또 일개인으로서도 일관성 있는 종교적 인간을 경멸하는 것이 아니라는 것은 말할 필요도 없다. 그 평가는 또한 반(反)종교적 내지 비(非)종교적인 근본정서(根本情緖)의 단순한 표현도 아니다. 그것은 오히려 적어도 이 현대에서 의식을 갖고 살고자 하는 사람에게 중요한 결과를 지니는 현대에 대한 문화사적 진단에서 나온다. 베버의 입장이 얼마나 명백하며 또 그럼에도 불구하고 얼마나 미묘한 것인가는 페르디난드 퇴니스(Ferdinand Tönnies)에게 보낸 편지가 인상 깊게 보여주고 있다 : "…… 종교가 그 어떤 '초자연적인 것'을 통해서 경험적 사실을 일으킨다거나 아니면 경험적 사실에 인과적으로 영향을 미친다고 주장하는 한, 종교는 일체의 과학적 진리와 충돌하지 않을 수 없다는 것은 확실히 자명합니다. 한편 몇 년 전 로마에서 근대가톨릭문헌에 대해 연구한 적이 있었는데, 이 연구는 어떤 과학의 그 어떤 인식도 이 교회로서는 받아들일 수 없다는 생각이 실로 얼마나 절망적인가를 나에게 가르쳐주었습니다. 우리의 자연관 및 역사관

의 실천적 귀결의 조용하고 느린 영향으로 이 교회의 힘은 아마도 서서히 색이 바래지겠지만(물론 해켈(Haeckel) 같은 바보가 또다시 모든 것을 망치려고 하지 않는 한에서이긴 합니다만), 그러나 **형이상학적 자연주의**에 지향된 반승려주의(反僧侶主義)로는 결코 그것을 할 수 없습니다. 또 나는 주관적으로 진지하게 그러한 일에 참가하고 싶지는 않습니다. 왜냐하면 나는 종교적으로는 완전히 음치이며, 또 종교적인 성격을 지닌 그 어떤 영혼의 '건축물'도 나의 마음속에 세우고 싶은 욕구도 능력도 없기 때문입니다 ― 그러한 일은 그리 단순하지 않으며 또 나로서는 그러한 것을 거부합니다. 그렇지만 잘 조사해보면 나는 반(反)종교적이지도 않으며 또 **비(非)종교적**이지도 않습니다. 나는 이 점에서는 나 자신이 병신이며 불구자라고 느끼고 있습니다. 이러한 인간의 내적인 운명은 그것을 솔직하게 고백하지 않으면 안 된다는 것이며, (낭만적인 속임수에 빠지지 않기 위해서도) 그것으로 만족하는 것입니다. 그러나 또한 이것은 ― 때때로 여전히 싹이 틀 수도 있는 그루터기로서 ― 완전히 다 큰 나무인 체하는 것도 아닙니다.

이러한 태도는 많은 결과를 일으키지 않을 수 없습니다. 예를 들면, **당신에게는** 자유주의적인 (가톨릭이건 프로테스탄트건) 신학자가 아무래도 어중간함의 전형적인 대표자로서 무엇보다도 가장 미운 존재인 것이 틀림없을 것입니다. 그렇지만 **나에게는** 그 자유주의신학자는 (물론 사람에 따라 다릅니다만) ― 사정에 따라서는 나도 그를 일관성 없고 혼란되어 있다고 보는 일도 있습니다(당연한 것입니다) ― 이루 말할 수 없을 정도로 독특하며 또 종교적인 입장에 비해서 (물론 사정에 따라 다르긴 하지만) 생기가 훨씬 더 적은 자연주의라는 지적(知的) (근본적으로 값싼) 바리새주의 (Pharisäismus)〔위선적인 형식주의〕보다 **인간적으로는** 훨씬 더 가치 있고 흥미로운 존재입니다." 다음에서 인용. Eduard Baumgarten, *Max Weber— Werk und Person*, S. 670.

47) 이 점에 대해서는 다음을 참조하라. Jürgen Habermas, a. a. O., S. 80 ff., S. 88.

48) Max Weber, WL, S. 546.

49) Max Weber, WL, S. 609.

50) 이 점에 대해서는 다음을 참조하라. Hans Albert, Traktat über kritische Vernunft, S. 76. 알버트는 베버를 비판적으로 수용하면서 이러한 결론에 도달하고 있다.

베버에게 있어서 가치토론이 결코 비의적(秘儀的)이며 실천과 무관하고 또 순수하게 '아카데믹한' 사항이 아니었다는 것은 어느 편지 구절이 보여주고 있다. 그곳에는 다음과 같이 씌어 있다 : "나는 매우 오랜 경험과 원칙상의 확신에서 다음과 같은 입장을 취하고 있습니다. 즉 자신의 소위 '궁극적인' 태도결정을 아주 절박한 구체적인 문제에 대한 태도에 비추어서 확인할 때에만 그 자신의 실제적인 의욕이 각자에게 분명하게 된다는 것이 그 입장입니다." 다음에서 인용. Eduard Baumgarten, *Max Weber-Werk und Person*, S. 535 f. 따라서 가치토론은 말하자면 현실로 안내하는 것이지, 현실로부터 멀어지게 하는 것이 아니다. 게다가 에두아르트 바움가르텐은 이 구절을 실마리로 삼아서, 가치토론의 방법을 실제로 이용하는 섬세한 연구 속에서 베버의 사상과 야스퍼스의 사상의 서로 다른 관심 방향을 뚜렷하게 부각시켰다. 다음을 참조하라. Eduard Baumgarten, 〈Für und wider das radikale Böse〉 in : Paul A. Schilpp(Hrsg.), *Karl Jaspers. Philiosophen des 20. Jahrhunderts*, S. 324 ff., S. 348(각주).

51) 다음을 참조하라. Max Weber, WL, S. 513 f. 여기서 베버는 정치가 가능한 것의 기술(Kunst)로서만 이해되어야 한다는 생각을 분명하게 거부하고 있다. 514페이지에는 다음과 같이 씌어 있다 : "그 밖의 점에서는 평가가 달라지겠지만 아마도 우리 모두에 의해서 (주관적으로는) 다소간에 긍정

적으로 평가받고 있는 바로 우리 문화의 특성을 만들어낸 것은 결코 가능한 것에의 '적응'이라는 비할 나위 없이 진실로 일관성 있는 윤리, 즉 유교의 관료도덕이 아니었다.'

52) Max Weber, PS, S. 539 그리고 WL, S. 505.
53) Max Weber, PS, S. 540.
54) Max Weber, PS, S. 547.
55) Max Weber, PS, S. 536.
56) Max Weber, WL, S. 504 f.
57) 다음을 참조하라. Dieter Henrich, *Die Einheit der Wissenschaftslehre Max Webers*, S. 122. 헨리히는 베버의 가치이론 속에 객관적인 윤리의 원리로서의 인격사상이 있음을 밝혀내면서 그것으로부터 베버의 결단주의에 대한 통념을 상대화하고 있다. 그것에 따르면 결단의 내용이 될 수 있는 것은 인격이 되라고 하는 지고(至高)의 명령과 일치하는 것뿐이다.
58) 특히 뢰비트는 베버의 입장을 이렇게 특징지었다. 뢰비트의 견해에 따르면 베버의 구상(構想)은 합리화된 사회로부터의 자유가 아니라 합리화된 사회의 한가운데에서의 자유에 기초를 주는 데서 그 절정에 달한다. 다음을 참조하라. Karl Löwith, a. a. O., S. 30.
59) 이 점에 대해서는 다음의 것도 참조하라. H. H. Brunn, *Science, Values, and Politics in Max Weber's Methodology*, Copenhagen 1972, S. 276 ff. 베버가 종교적 태도를 '평가절하'하는 것에 대해서 이미 말한 것, 즉 그것은 신념윤리적 행위의 역사적 의의를 경시하는 것이 전혀 아니며 또 일관성 있게 행위하는 신념윤리가 경멸하는 것도 아니라는 것은 이 문맥에서도 타당하다. 여기서의 분석목적은 오히려 베버 자신이 어떤 평가를 하고 있는가 또 어떤 근거 구조가 그 평가에 내응하는가를 눈에 뜨이게 하려고 하는 것이다. [분석을 통해] 추측할 수 있는 것은 베버의 '신조고백'은 근거 있는 태도결정에서 유래하며 그 근거 지움에 베버 일

개인을 넘어선 중요성이 있다는 것이다. 베버에 대한 결단주의라는 비난을 완화시키려는 흥미로운 시도는 다음에서도 볼 수 있다. Gerhard Hufnagel, *Kritik als Beruf. Der kritische Gehalt im Werk Max Webers*, Frankfurt 1971, S. 215 ff., S. 253 ff., S. 293 ff.

60) Max Weber, PS, S. 547.

61) 다음을 참조하라. Max Weber, PS, S. 539. 여기서 베버는 신념윤리는 무책임과 일치하지 않으며 또 책임윤리는 무신념과 일치하지 않는다고 강조하고 있다.

62) 베버 자신이 '절대윤리'에 대해 말하고 있다. 다음을 참조하라. PS, S. 538, 539. 그가 보통 종교윤리를 빌려서 신념윤리를 설명하는 것도 결코 우연이 아니다.

63) Max Weber, PS, S. 541

64) Max Weber, PS, S. 542.

65) 현실을 의식하는 정치(realitätsbewußte Politik)가 전통적인 의미에서의 현실정치(Realpolitik)와 동일시되어서는 안 되며, 따라서 책임윤리적인 행위가 현실정치적인 행위와 동일시되어서는 안 된다는 것은 책임윤리적 입장을 하나의 가치입장으로 보는 베버의 이해방식에서 분명하게 밝혀진다. 이 점에 대해서는 다음을 참조하라. Max Weber, WL, S. 515.

66) 다음을 참조하라. Max Weber, PS, S. 541. 이 구절에 대해서는 다음과 같은 점을 참고하라고 지시할 수 있을 것이다. 즉 베버에게 있어서의 신념윤리와 책임윤리의 관계에 대한 논의는 그가 신념윤리를 상당한 거리를 넘어서 종교윤리, 즉 우애윤리(友愛倫理)의 요청과 동일시한다는 점에서 불필요하게 어려워지고 있다는 것이다. 이 때문에 마치 신념윤리와 책임윤리의 대립이 종교윤리와 현세윤리, 특히 정치윤리와의 대립인 것 같은 인상이 생겨나고 있으며, 또한 이 인상은 베버가 바로 〈직업으로서의 정치〉에서 신념윤리를 산상수훈을 예로 들어 설명하는 것에 의해서 한층 더

강화되고 있다. 종교적인 신념윤리와 종교 외적인 신념윤리의 이처럼 불완전한 분화(分化)는 당연히 베버의 연구계획과 관련이 있다. 즉 그에게 있어서는 종교가 어떤 조건에 있을 때 신념종교로 변하는지 그리고 이것은 현세(現世)에 대한 인간의 관계에 대해서 어떤 결과를 갖는지를 밝히는 것이다. 그러나 '중간고찰'의 1920년의 이고(異稿)에서는 베버 자신이 종교적인 신념윤리와 종교 외적인 신념윤리의 차이를 지적하였다. 그곳에서 그는 선험적인 엄숙주의와는 구별 지으면서 종교적인 우애윤리에 대해 말하고 있는데(다음을 참조하라. Max Weber, RS I, S. 554), 이 엄숙주의로는 그는 아마도 칸트윤리를, 요컨대 어떤 이성윤리(理性倫理)의 유형을 염두에 두고 있는 것 같다. 바로 그렇다면 베버의 책임윤리개념은 동시에 칸트 이후의 윤리문제를 해명하는 데에도 적합하다는 것이 명백해진다. 물론 그 전제는 종교적인 신념윤리와 종교 외적인 신념윤리를 구별하고 이 둘을 책임윤리와 함께 어떤 발전모델을 넘어서 말하자면 역사화하는 것이다(이 점에 대해서는 다음의 것도 참조하라. Guenther Roth, 〈Religion and Revolutionary Beliefs. Sociological and Historical Dimensions in Max Weber's Work〉, in : *Social Forces*, Vol. 55, 1976년 12월 그리고 Wolfgang Schluchter, 〈Die Paradoxie der Rationalisierung. Zum Verhältnis von 'Ethik' und 'Welt' bei Max Weber〉). 이 문제를 다듬어서 완성하는 작업은 별도의 논문으로 넘기지 않으면 안 된다.

67) 이러한 설명과 비판적 합리주의입장의 유사점은 두드러질 정도다. 이 점에 대해서는 특히 포퍼의 연구와 알버트의 최신연구를 참조하라.

68) Ernst Topitsch, in : Otto Stammer(Hrsg.), a. a. O., S. 23 f.

69) Max Weber, WL, S. 515 ff. 다음의 것도 참조하라. Max Weber, WL, S. 33, 각주 2 : "'진보' 사상은 인류문명의 종교적으로 공허한 경과(經過)에 대해서 현세적이면서도 또한 객관적인 '의미'를 부여하고 싶은 욕구가 발

생할 때야 비로소 불가피한 것으로 나타난다."
70) 가치자유와 책임윤리의 결합에 대해서는 다음의 것도 참조하라. René König, 〈Einige Überlegungen zur Frage der Werturteilsfreiheit bei Max Weber〉, in : *Kölner Zeitschrift für Soziologie und Sozialpsychologie*, 16(1964), S. 1 ff., 특히 S. 22 ; 그리고 최근 것으로는 다음과 참조하라. Hans Albert, 〈Wissenschaft und Verantwortung. Max Webers Idee rationaler Praxis und die totale Verbnunft der politichen Theologie〉, in : *Mensch en Maatschappij*. 1970, S. 298 ff.
71) 나는 의식적으로 카리스마적 지도라는 개념을 사용하며, 뿐만 아니라 라인하르트 벤딕스가 제안한 바와 같이 카리스마적 지배라는 개념도 좁게 한정시켜서 사용한다. 이 점에 대해서는 다음을 참조하라. Reinhard Bendix, Max Weber. Das Werk. *Darstellung-Analyse-Ergebnisse*, München 1964, S. 226 ff. 또한 다음의 것도 참조하라. Wolfgang J. Mommsen, Max Weber. *Gesellschaft, Politik und Geschichte*, Frankfurt 1974, S. 97 ff.
72) Max Weber, WL, S. 610.
73) Karl Löwith, a. a. O., S. 65.
74) 이 개념들과 그것들 간의 있을 수 있는 이론적인 관계에 대해서는 우선 무엇보다도 다음을 참조하라. Alvin W. Gouldner, 〈Reciprocity and Autonomy in Functional Theory〉, in : Llewellyn Gross(Hrsg.), *Symposium on Sociological Theory*(New York/Evanston, Ill. 1959), S. 241 ff.
75) 다음을 참조하라. Max Weber, PS, S. 499. 베버에게 있어서의 국가개념의 사용방식에 대해서는, 특히 국가와 사회라는 종래의 이원론(二元論)을 사회학적으로 번역한 것에 대해서는 무엇보다도 다음을 참조하라. Johannes Winckelmann, 〈Max Weber — Das soziologische Werk〉, in

: *Kölner Zeitschift für Soziologie und Sozialpsychologie*, 17(1965), S. 761 ff. 빙켈만의 다음의 저서도 참조하라. *Gesellschaft und Staat in der verstehenden Soziologie Max Webers*(Berlin 1957), S. 38 ff. 그리고 Reinhard Bendix, a. a. O., S. 359 ff. und 360 ff. 근대국가에 의해 질서가 잡힌 사회적인 제(諸) 관계는 무엇보다도 전체 사회적인 결단을 효력 있게 하는 지위들이 존재한다는 사실에 의해 특징지어지고 있다. 정치가 우선 첫째로 그러한 지위에서의 행위이며 또 그러한 지위에서 유래하는 행위라면, 그리고 학자의 맞은편에 있는 것이 그처럼 강력한 힘을 지닌 '지도적 정치가'라면, 과학이 영향을 미칠 수 있는 가능성은 처음부터 한정되어 있는 것 같다.

76) Max Weber, WL, S. 517.
77) 〈경제와 사회〉 제2부의 제목은 "경제와 사회적 질서 및 힘(Die Wirtschaft und die gesellschaftlichen Ordnungen und Mächte)"이다.
78) Max Weber, PS, S. 536.
79) Reinhard Bendix, a. a. O., S. 202.
80) 파슨스는 베버의 방법론으로부터 '결과로서 나오는' 학문체계를 이런 의미로 분석하였다. 다음을 참조하라. Talcott Parsons, 〈Wertgebundenheit und Objektivität in den Sozialwissenschaften〉, a. a. O., S. 39 ff. 그렇다고 해서 베버를 '환원적인 사회학주의'로 단정하려고 해서는 안 된다. 이러한 베버 이해에 대해서 요하네스 빙켈만이 제시하는 유보조건을 참조하라. Johannes Winckelmann, 〈Max Weber — Das soziologische Werk〉, a. a. O., S. 755 f.
81) 다음을 참조하라. Max Weber, WL, S. 585 : "내면적으로나 외면적으로 니 오래전부디 내려온 내학**세노**는 허구[이름뿐의 것]가 되어버렸습니다."
82) 이 입장을 가장 분명하게 정식화한 것은 아마도 피히테(Fichte)일 것이다. 그의 견해에 따르면 학자는 교육을 받았기 때문에, 그 획득한 지식을 '인

생의 유사시에 적용하고 그렇게 해서 그 지식을 **작품**으로까지 변화시킬' 수 있다. '따라서 이 경우도 궁극적인 목적은 결코 지식이 아니라 오히려 지식을 활용하는 기술이다.' 다음에서 인용. Ernst Anrich, *Die Idee der deutschen Universität*, Darmstadt 1959, S. 130.

83) Max Weber, WL, S. 608.

84) Max Weber, WL, S. 491.

85) Ebd.

86) Max Weber, WL, S. 494. 자기한정(自己限定)이라는 개념이 시대에 적합한 정치철학의 하나의 본질적인 요소일 수 있다는 것을 나는 헤르만 헬러를 예로 들어 보여주려고 시도하였다. 다음을 참조하라. Wolfgang Schluchter, *Entscheidung für den sozialen Rechtsstaat. Hermann Heller und die staatstheoretische Diskussion in der Weimarer Republik*, Köln-Berlin 1968.

87) Max Weber, PS, S. 533.

88) Max Weber, PS, S. 534.

89) 이 명제는 학자에게는 거리감상실의 성향이 있으며 허영심이 바로 학자의 직업병이라고 하는 베버의 주장과 모순되는 것 같다. 다음을 참조하라. PS, S. 534. 만일 그러하다면 허영심이 치명적인 죄가 되는 정치가는 목측능력을 대학에서는 배울 수 없게 된다. 이것은 확실히 옳다. 그렇지만 그것은 결코 이 명제에 대한 반론이 되는 것이 아니라, 보통 볼 수 있는 교사의 역할수행의 방식에 대한 이의제기에 불과하다. 베버에 따르면 대학이 정치교육이라는 임무를 소홀히 하고 있는데, 그 이유는 바로 대학의 많은 구성원들이 허영심에서 자신들을 과대평가하면서 마치 교수라는 것이 '교수로서 정치가(또는 문화개혁가)의 원수장(元帥杖)을 배낭 속에' 갖고 있는 것처럼 기꺼이 행동하기 때문이다(다음을 참조하라. WL, S. 493). 그러나 학자가 교사로서 오로지 가치자유적인 학문에 걸맞은 태도

를 실행한다면, 그는 또한 정치교육자이기도 하다.
90) 다음을 참조하라. Max Weber, PS, S. 261, S. 511, S. 513.
91) Max Weber, PS, S. 512.
92) Max Weber, WuG, S. 545. 특히 요하네스 빙켈만은 지배와 행정의 결합에 대해 주의를 환기시켰다. Johannes Winckelmann, 〈Max Webers historische und soziologische Verwaltungsforschung〉, in : *Annali della Fondazione Italiana per la Storia Amministrativa*, 1(1964), S. 27 ff. 특히 S. 49와 S. 56. 지배사회학에서의 조직사회학적 분석과 '이데올로기적' 분석의 결합에 대해서는 다음의 것도 참조하라. Reinhard Bendix, Max Weber. Das Werk, a. a. O., S. 222 ff.
93) 다음을 참조하라. Max Weber, WuG, S. 571. 좁은 의미에서의 베버의 조직사회학적 분석, 특히 관료제적 행정의 효율에 대한 그의 진술은 만일 그 준거틀에 대해서 세심한 주의를 기울이지 않는다면 오해되기 쉽다. 베버는 바로 다름 아닌 관료제를 분석할 때 세 개의 시각을 사용하고 있다 : 보편사적인 시각(가산관료제 대 근대관료제), 지배사회학적인 시각(정치적 지배 대 관료제적 지배) 그리고 조직내부적인 시각(관료제적-위계제적 원리 대 민주제적-명예직적 원리). 어떤 시각이 우위에 있느냐에 따라서 관료제의 효율에 대한 판단이 내려진다. [베버의 분석을] 수용할 때, 특히 아메리카에서는 이 다층성(多層性)이 자주 간과되고 있다. 베버의 관료제 분석에 대한 '생산적인 오해'의 몇 가지 측면을 레나테 마인츠는 탐구하고 있다. Renate Mayntz, 〈Max Webers Idealtypus der Bürokratie und die Organisationssoziologie〉, in : Renate Mayntz(Hrsg.), *Bürokratische Organisation*, Köln-Berlin 1969, S. 27 ff.
94) Max Weber, PS, S. 319.
95) 다음을 참조하라. Max Weber, WuG, S. 574 f. ; PS, S. 499 f.
96) 인격적(persönlich)이라는 것과 즉물적(卽物的, sachlich)이라는 것의 구별

은 일상적이라는 것과 비(非)일상적이라는 것, 불안정하다는 것과 안정되어 있다는 것, 개방적이라는 것과 폐쇄적이라는 것, 이해관심상황과 권위 등등의 구별과 마찬가지로 베버가 지배관계를 분석할 때 사용하는 저 대비(對比)되는 짝들(Gegensatzpaare)의 하나이다. 이 구별을 심리학적이라는 것과 사회학적이라는 것의 구별과 나란히 놓아서는 안 된다 — 그런데 이것이 자주 일어나고 있다는 생각이 든다. 대비되는 짝들(Gegensatzpaare)은 오히려 어떤 구체적인 지배구조를 규정할 때 쓰이는 차원들이다.

97) Max Weber, PS, S. 307.

98) 베버에 따르면 관료제적 지배에는 세 가지 종류가 있다. 즉 관료제적 행정간부를 사용한 지배, 관료제적 행정간부의 지배 — 이 경우 그 지배는 독점적인 지위(업무상의 지식)에 의해서 행해지거나 아니면 목표설정을 자신들이 결정하는 것에 의해서 행해진다. — 그리고 마지막으로 관료기질을 지닌 지도자에 의한 지배. 베버에 따르면 비스마르크의 퇴임 이후 독일 정치는 관료 출신으로서 관료기질을 갖고 있는 인물들에 의해 좌우되는 병을 앓고 있다. 그의 견해에 따르면 이러한 것은 독일의 세계적인 강국으로서의 지위가 걸려 있는 대외정책에서 특히 나타나고 있다 : "그것을 행한 것은 **보수적인 관료지배**였다. 이 관료지배는 결정적인 순간에 — 〔본래〕 정치가들이 차지해야 할 — 지도적인 지위에 **관료정신**을 지닌 사람들을 앉혔다"(PS. S. 365). 이러한 생각을 근거로 해서, 정치지도자의 선출을 보증한다고 하는 의회주의화에 대한 베버의 옹호가 사실은 독일제국주의를 조장시키기 위한 방책이라고 해석되고 있다. 이 점에 대해서는 특히 다음을 참조하라. Wolfgang J. Mommsen, *Max Weber und die deutsche Politik 1890~1920*, Tübingen 1959, S. 205, 393.

99) Max Weber, PS, S. 365.

100) Max Weber, WuG, S. 561 ; PS. S. 365. : "관료는 그의 복종의무를 위해서 그 자신의 신념을 포기하지 않으면 안 된다".

101) Max Weber, PS, S. 323.
102) Max Weber, PS, S. 365. 제국헌법 제9조의 개정에 대한 베버의 입장도 참조하라. 다음에 복제되어 있다. Wolfgang J. Mommsen, a. a. O., 부록 III, S. 425 f.
103) 이것에 의해서, 사명[천직]을 지닌 자와 단순히 일에 전심하는 자가 구별된다. 베버는 외적인 '직업'과 내적인 '직업'의 구별을 통해서 이것을 암시하였다. 헨리히가 정식화하는 바와 같이, 정열(Leidenschaft)이라는 개념이 이성과 체험을 하나로 결합시킨다. 다음을 참조하라. Dieter Henrich, a. a. O., S. 127.
104) Max Weber, PS, S. 323.
105) 이것이 정치가 행정보다 우위에 있음을 확증하는 하나의 논거이다. 제도상의 지위를 이용해서 추종자를 자유롭게 모아 자신의 이념이 사회적인 인정을 받게끔 할 수 있는 정치가만이 지배의 내용을 규정할 수 있다. 그렇지만 이 논거 이외에도, 정치가는 관료와는 달리 '자유로우며' 바로 그래서 결단을 내릴 수 있다는 다른 논거도 있다. 정치가만이 자신의 수호신을 따르며, 자신의 결단을 일개인으로서의 그의 존망이 걸려 있는 환호 찬동에 맡긴다. 따라서 정치가는 윤리적인 의미에서도 인격이 되라고 하는 명령에 가장 가까이 접근하는 자이다. 그런 한에서, 정치가의 인물상을 분석할 때 논증의 제도적인 수준과 윤리적인 순준이 특수한 형태로 교차된다. 그 결과 정치가의 인물상이 이상화되는데, 이 이상화가 베버의 '국가기술상의' 개혁안에 대해서 중요한 영향을 미치지 않을 수 없었다.
106) Max Weber, WL, S. 540.
107) 따라서 예를 들면 [학자와 관료] 둘 다 과학적인 방법들을 사용하지만, 가치지향이 서로 다르기 때문에 그 방법들은 각기 다른 방식으로 투입된다. 과학에 있어서는 인식의 진보가 문제가 되지만, 행정은 인식된 것을

적용하려고 시도한다. 따라서 또한 행정은 '특수한 기술론(besondere Kunstlehre)'도 발전시킨다. 다음을 참조하라. Max Weber, WuG, S. 560.

108) 대중민주주의에서의 정치의 조직화에 대한 베버의 제안, 특히 국민투표제적 지도자민주주의에 대한 그의 옹호는 바이마르공화국의 발전경과와 [나치의] 권력장악에 의해서 의혹 속에 빠졌다. 따라서 그의 저작과의 대결은 특히 독일에서는 정치적인 대결이 되어버렸다. 이 점에 대한 안내로는 다음을 참조하라. Guenther Roth, 〈Political Critiques of Max Weber : Some Implications for Political Sociology〉, in : *American Sociological Review*, 30(1965), S. 213 ff. 요하네스 빙켈만은 이미 1952년에 지배사회학에 대한 체계적인 분석 및 확장을 통해서 베버의 '민주주의개념'이 칼 슈미트(Carl Schmitt)의 그것과 다르다는 것을 부각시키려고 시도하였는데(다음을 참조하라. Johannes Winckelmann, *Legitimität und Legalität in Max Webers Herrschaftssoziologie*, Tübingen 1952, 특히 S. 60 ff., 79 ff.), 그 후 특히 볼프강 J. 몸젠의 책(a. a. O.)이 이 문제를 다시 중심적인 논점으로 밀어올렸다. 몸젠의 분석은 '강력한 국민국가의 이상(理想)'(S. 319)을 지닌 베버의 전투적인 국민자유주의적 태도를 부각시킨 점에서는 공적이 있지만, 역사적-정치적인 논증이 체계적인 논증과 통합되는 곳에는 결점이 있다고 나는 생각한다(예를 들면 S. 49 ff., 69 ff., 392 ff를 참조하라). 이 책의 제2판이 나온 것을 기회 삼아 몸젠의 책에 대해서 이 점을 지적한 매우 뛰어난 비판으로는 다음을 참조하라. Jürgen Kocka, 〈Kontroversen über Max Weber〉, in : *Neue Politische Literatur*, XXI(1976), S. 296. 몸젠의 취급 방식에 대한 일정한 대안을 칼 뢰벤슈타인은 제시하고 있다. Karl Loewenstein, *Max Webers Staatpolitische Auffassungen in der Sicht unserer Zeit*, Frankfurt-Bonn 1965. 뢰벤슈타인은 몸젠이 베버 해석에

제시하는 문제에 대해서는 본문 밖[脚註]에서만 언급하고 있다. 현재의 우리의 분석에서는 조국에 대한 베버의 신하적인 충성을 조사하기보다는 오히려 '자기 자신의 조국애에 대해서 자신의 **두뇌**를 지키는 데' 베버가 어떻게 성공할 수 있었는지를 체계적인 시각에서 알아내는 것이 문제가 된다. 에두아르트 바움가르텐의 경우도 그러하다. Eduard Baumgarten, in : Otto Stammer(Hrsg.), a. a. O., S. 149.

109) Talcott Parsons, 〈Wertgebundenheit und Objektivität in den Sozialwissenschaften〉, a. a. O., S. 46.

110) 파슨스는 이 양의성(兩義性)을 가치자유라는 개념 자체에서가 아니라 가치자유와 가치관계의 대립에서 전개시키는 쪽을 택하고 있다. 나의 생각으로는 그 결과, 학문체계가 지니는 가치를 보편화하기 위한 특수한 기반과 동시에 또한 그 가치체계의 정치적 중요성이 불명료해진다.

111) Talcott Parsons, a. a. O., S. 51.

112) 베버가 좁은 의미에서의 과학조직에 대한 문제를 논하고 있는 곳으로 《경제와 사회》에서는 두 군데밖에 지적할 수 없다. 세 번째 곳은 빙켈만이 재구성한《국가사회학 Staatssoziologie》에서 볼 수 있다.

113) 활동하는 의회라는 개념에 대해서는 다음을 참조하라. Max Weber, PS, S. 338.

114) 다음을 참조하라. Max Weber, PS, S. 294 ff.

115) 다음을 참조하라. Max Weber, WL, S. 584 ff.

116) 다음을 참조하라. Max Weber, WuG, S. 179. 전문직권위라는 개념은 베버에게서 유래하는 것이 아니지만, 그래도 내용적으로는 직업신분에 대한 그의 분석과 결합될 수 있다.

117) Max Weber, PS, S. 249.

118) 예를 들면 WL, S. 585 f에 있는 베버의 지적을 참조하라.

119) 이 점에 대해서는 특히 다음을 참조하라. Max Weber, WuG, S. 158 ff.

120) 다음을 참조하라. Max Weber, WuG, S. 26 f.
121) 다음을 참조하라. Max Weber, WuG, S. 167 f.
122) 다음을 참조하라. Max Weber, WL, S. 497. 또한 캐테 라이히터가 교수의 자유라는 베버의 판단에 대해 인용하고 있는 곳도 보라. Käthe Leichter, 〈Max Weber als Lehrer und Politiker〉, in : René König und Johannes Winckelmann (Hrsg.), *Max Weber zum Gedächtnis*, Köln and Opladen 1963, S. 125 ff., 특히 S. 129.
123) 나의 생각으로는 이 세 모델은 합법적 지배라는 틀 속에서의 조직론적 선택지(選擇肢)로서 베버의 지배사회학 및 정치논집에서 추출될 수 있다. 이와 관련해서 지적할 수 있는 것은 베버의 조직사회학적 분석에 대해서 때때로 가해지는 일면적(一面的)이라는 비난이 반드시 완전히 정당하지는 않다는 것이다. 그러나 베버는 조직원리로서의 전문직원리를 확실히 맹아적(萌芽的)인 수준에서밖에는 고려하지 않았다. 전문직이라는 생각을 실마리로 삼아 학문의 자율성을 분석한 것은 다음에서 볼 수 있다. M. Rainer Lepsius, 〈Die Autonomie der Universität in der Krise〉, in : Gerhard Schulz(Hrsg.), *Was wird aus der Universität? Standpunkte zur Hochschulreform*, Tübingen 1969, S. 179 ff. 이러한 분석이 부딪히는 특별한 어려움은 연구와 교수가 똑같이 전문직원리에 종속될 수 없다는 사실과 〔학생이라는〕 '고객'이 조직구성원이라는 사실에서 나온다. 첫번째 문제에 대해서는 다음을 참조하라. Harold L. Wilensky, 〈The Professionalization of Everyone?〉, in : *The American Journal of Sociology*, 70(1964), S. 137 ff., 특히 S. 141. 두번째 문제에 대해서는 특히 다음을 참조하라. Talcott Parsons, 〈Some Ingredients of a General Theory of Formal Organization〉, in : *Structure and Process in Modern Societies*(New York : The Free Press, 제5판, 1967), S. 59 ff. 특히 S. 71 ff. 구(舊)전문직과 신(新)전문

직의 차이도 문제를 복잡하게 한다. 이 점에 대해서는 최근에 나온 다음의 연구를 보라. Albert L. Mok, 〈Alte und neue Professionen〉, in : *Kölner Zeitschrift für Soziologie und Sozialpsychologie*, 21(1969), S. 770 ff. 대학을 분석할 때 베버와 연결시키면서 이 대학제도의 조직문제를 관료제화와 전문직화라는 상반된 경향에서 분석하는 것으로는 다음의 연구가 있다. Burton R. Clark, 〈Organizational Adaptations to Professionals〉, in : Howard M. Vollmer und Donald L. Mills(Hrsg.), *Professionalization, Englewood Cliffs*, New Jersey : Prentice Hall 1966, S. 283 ff. 다음의 것도 참조하라. Wolfgang Schulchter, 〈Auf der Suche nach der verlorenen Einheit : Anmerkungen zum Strukturwandel der deutschen Universität〉, in : Hans Albert(Hrsg.), *Sozialtheorie und soziale Praxis, Eduard Baumgarten zum 70. Geburtstag*, Meisenheim/Glan 1971, S. 267 ff.

124) 실천적인 평가에 대해 토론할 때 과학이 행할 수 있는 역할을 상세하게 총괄한 것은 다음에서 볼 수 있다. Max Weber, WL, S. 510 f.

125) 가치관계의 방법론적 의의에 대해서는 특히 다음을 보라. Dieter Henrich, a. a. O., S. 16 ff. 그것의 지식사회학적 의의에 대해서는 특히 다음을 보라. Talcott Parsons, 〈Wertgebundenheit und Objektivität in den Sozialwissenschaften〉, in : Otto Stammer(Hrsg.), a. a. O., S. 46 ff.

126) 다음을 참조하라. Max Weber, WL, S. 512.

127) 이 점에 대해서는 다음을 참조하라. Hans Albert, *Traktat über kritische Vernunft*, S. 68 ff. ; 그리고 Niklas Luhmann, 〈Zweck-Herrschaft-System. Grundbegriffe und Prämissen Max Webers〉, in : Renate Mayntz(Hrsg.), *Bürokratische Organisation*, S. 36 ff ; 또한 Niklas Luhmann, *Zweckbegriff und Systemrationalität. Über die*

*Funktion von Zwecken in sozialen Systemen*, Tübingen 1968, 특히 S. 36 ff.

128) Hand Albert, a. a. O., S. 29 ff.

129) Hand Albert, a. a. O., S. 70.

130) Hand Albert, a. a. O., S. 76. 그러나 마리안네 베버는 베버가 토론의 한계를 설정하였다기보다는 고백의 한계를 설정하였음을 보여주는 어느 편지 구절을 인용하고 있다. 예언자, 성자 또는 예술가만은 이 점을 염려 할 필요가 없었다—그렇지만 베버 자신은 바로 그 자신의 자기평가에 의하면 그 어느 것도 아니다. 다음을 보라. Marianne Weber, a. a. O., S. 611.

131) 한스 알버트의 정식화를 보라. Hand Albert, a. a. O., S. 73 : "신앙체계의 폐쇄는 그러므로 논리나 그 밖의 어떤 객관적인 기관의 명령이 아니라, 의지와 그리고 그 배후에 있는 이해관심 및 욕구의 명령이다. 따라서 신앙체계의 개방은 그 자체가 도덕의 문제라고 말할 수 있을 것이다."

132) 이것은 확실성의 추구와 진리의 추구가 일치하지 않는다는 것을 의미한다. 불확실성의 원리는 규제이념으로서의 진리원리를 전제로 하고 있지만, 인식은 결코 궁극적인 확실성에는 도달하지 못한다. 바로 그렇기 때문에 행위원리로서의 확실성과 인식원리로서의 불확실성은 서로 고쳐주지 않으면 안 된다.

133) 다음을 참조하라. Max Weber, PS, S. 321.

134) 이 용어에 대해서는 다음을 참조하라. Jürgen Habermas, *Technik und Wissenschaft als 'Ideologie'*, S. 65. 하버마스는 목적합리적 행위의 체계와 제도적인 틀을 구별하고 있는데, 이 구별은 생산력과 생산양식이라는 마르크스의 한 쌍의 개념을 일반화하는 것에 의해 획득된 것으로서 도구적 행위와 의사소통적 행위의 구별과 병행(竝行)하는 것이다. 하버마스는 이 구별을 이용해서 합리화된 사회에 대한 베버의 분석을 이처럼

확장되고 '순화(純化)된' 마르크스주의적인 준거틀 속에 소화하고 있으며 또 그렇게 해서 말하자면 자신으로부터 베버를 쫓아내고 있다. 이렇게 해서 하버마스는 마르크스의 이론과 베버의 이론을 [각자가 지니고 있는] 명백한 난점(難點)에서 벗어나게 해주려고 하면서 아울러 그 두 이론을 후기자본주의사회의 기술주의적인 기본구조의 분석에 이용하려고 한다. 나는 그 난점이 그것에 의해서 오히려 증대되고 있다는 인상을 받고 있다. 왜냐하면 한편으로는 행위의 수준과 체계의 수준의 구체적인 매개(媒介)가, 다른 한편으로는 행위의 종류와 체계의 종류의 구체적인 매개가 여전히 비교적 자의적(恣意的)인 상태에 있기 때문이다. 하버마스의 분석이 극히 애매모호한 하나의 실천프로그램으로 끝나버리는 것도 결코 우연이 아니다. 지배로부터 벗어난 토론을 통해서 여론의 정치화를 시도하고 그것을 통해 기술과 실천의 분화를 해소한다는 공식(公式)이 어쨌든 화용론적 모델의 윤곽은 그리지만, 그것을 구체화하는 것은 아니다.

135) 다음을 참조하라. Niklas Luhmann, 〈Zweck-Herrschaft-System〉, a. a. O., S. 42 : "**실질적인 목적의 지시** 대신에 지배자가 설정하는 어떤 목적의 **전면적인 수용**이 나타난다. 이렇게 해서 일반화된 (그와 동시에 문제도 해치운) 목적개념은 명령개념과 조합된다. 이에 의해 사회체계는 합리적인 것이 되지만, 그러나 그것은 수단으로서의 사회체계의 적성을 규정하는 특정한 한계 내에서 사회체계가 지배자에 의해 규정되는 목적을 실현한다는 것이 보증될 때에 한한다. 수단이 목적과 연결되는 것은 더 이상 논리적인 연역에 의해서가 아니라 명령에 의해서이다."

136) 신뢰라는 개념에 대해서는 니클라스 루만의 다음의 연구를 참조하라. Niklas Luhmann, *Vertrauen. Ein Mechanismus der Reduktion sozialer Komplexität*, Stuttgart 1968, 특히 S. 45 ff. 신뢰라는 개념을 사용하면 여러 가지 점에서 불명료한 정당성신앙이라는 개념을 재정식화할 수 있을 것이다.

137) 거시(巨視)사회학적 분석의 이 근본문제에 대해서는 다음의 연구들을 보라. Amitai Etzioni, 〈Elemente einer Makrosoziologie〉, in : Wolfgang Zapf (Hrsg.), *Theorien des sozialen Wandels*, Köln-Berlin 1969, S. 147 ff. 그리고 M. Rainer Lepsius, 〈Demokratie in Deutschland als historisch-soziologisches Problem〉, in : Theodor W. Adorno(Hrsg.), *Spätkapitalismus oder Industriegesellschaft?*, Stuttgart 1969, S. 197 ff., 특히 S. 202.

138) 에치오니는 베버를 조직사회학분야에서 가장 중요한 구조주의자의 한 사람이라고 하였다. 다음을 참조하라. Amitai Etzioni, *Soziologie der Organisationen*, Müchen 1967, S. 82.

139) 이것이 비판적 합리주의의 패러다임이다. 패러다임이라는 개념에 대해서는 특히 다음을 보라. Thomas S. Kuhn, *Die Struktur wissenschaftlicher Revolutionen*, Frankfurt 1967, S. 28 ff.

## 옮긴이의 말

　이 책은 독일의 사회학자 막스 베버(1864~1920)의 〈직업으로서의 정치(Politik als Beruf)〉를 우리말로 옮긴 것이다. 번역의 대본으로는 〈정치저작집(Gesammelte Politische Schriften)〉(제3판, Tubingen: J. C. B. Mohr, Paul Siebeck, 1971)에 들어 있는 것을 이용하였다. 이전 책은 〈직업으로서의 정치〉와 〈직업으로서의 학문〉을 함께 묶었지만, 이번에는 분책하였다.

　〈직업으로서의 정치〉는 막스 베버가 1919년 1월 28일(화요일) 저녁 7시 반에 뮌헨의 슈타이니케 예술홀에서 행한 강연이다. 이 강연은 자유학생연맹의 바이에른 지부가 기획한 연속 초청 강연 '직업으로서의 정신노동'의 일부로서 행해졌다. 1917년 11월 7일 '직업으로서의 학문' 강연이 행해진 다음, 베버에게 '직업으로서의 정치' 강연도 맡아달라는 요청이 1918년 11월혁명(독일에서 11월 7일에 발생한 혁명. 이 혁명으로 독일제국이 붕괴하고 의회민주주의의 공화국이 탄생하였다) 직후에 이루어졌는데, 베버는 이를 거절하였다. 하지만 그와 친교가 있었던 정치가 프리드리히 나우만(1860~1919)의 거듭된 부탁으로 강연이 성사되었다. '직업으로서의 정치'의 강연문은 '직업으로서의 학문'과 함께 1919년 6월 말에서 7월 초 사이에 《직업으로서의 정신노동》시리즈로 출간되었는데, 출판된 소책자에서는 말로 한 강연의 일부가 수정되고 상당히 확대된 것으로 알려져 있다.

베버는 연설을 시작할 때 현실의 시사문제에 대한 입장표명을 자신에게 기대해서는 안 된다고 분명히 밝힌 뒤, 강연을 통해 학생들에게 정치행동을 고취시키기보다는 오히려 신중하게 행동해야 한다는 분위기를 퍼뜨렸다. 즉 그는 당시의 정치와는 거리를 두는 학자나 교사의 입장에서 강연하였다.

베버는 우선 정치의 의미와 국가에 대한 정의를 말한 다음 직업으로서의 정치가 영위될 수 있는 조건에 대해 설명한다. 그리고는 정치가라면 마땅히 갖추어야 할 자질에 대해 논의한 후, 정치가 인간의 윤리적인 삶 속에서 어떤 사명을 수행할 수 있는가를 다룬다.

정치란 무엇인가? 정치는 국가의 운영에 영향을 미치는 활동이다. 그리고 국가는 일정한 영토 안에서 정당한 물리적 강제력의 독점을 요구하는 인간공동체이다. 달리 말하면, 국가란 정당하다고 간주되는 강제력에 근거한 인간에 대한 인간의 지배관계이다. 그런데 정치라는 직업은 어떻게 영위되는가? 임시정치가나 부업정치가가 아닌 직업정치가는 어떤 모습을 하고 있는가? 직업정치가들은 과거에 군주와 신분집단 간의 싸움에서 군주에게 봉사하면서 발전해왔는데, 이들이 정치를 직업으로 삼는 방식은 두 가지가 있다. 하나는 정치를 위해 사는 것이고, 또 하나는 정치에 의해 사는 것이다. 정치를 위해 산다는 것은 정신적인 의미에서 정치를 자신의 삶으로 삼는다는 것인데, 이때 정치를 위해 사는 사람은 자신이 행사하는 권력의 소유 자체를 즐기거나 아니면 어떤 일에 헌신함으로써 자기 삶의 의미를 찾는 자이다. 그리고 정치에 의해서 사는 사람은 정치를 지속적인 수입원으로 삼는 자이다. 정치에 의해서 사는 직업정치가는 일정한 일을 한 것에 대한 사례나 수수료에서 수입을 얻거나 아니면 고정된 현물 급여나 현금봉급을 받는 자이다. 오늘날에는 정치지도자가 관직을 준다. 이러한 사실을 고려하면, 정파 간의 모든 투쟁은 본질적인 목표를 실현하기 위한 투쟁일 뿐만 아니라 관직수여권을 둘러싼 투쟁이기도 하다.

그런데 직업정치인, 특히 정치지도자에게는 세 가지 자질이 필요하다. 정열, 책임감, 목측능력이 그것이다. 정열이란 대의명분에 대한 헌신이다. 그리고 정치가는 자기 행위의 결과를 다른 사람에게 떠넘기지 않고 자기 행위의 탓으로 여겨야 한다. 또한 목측능력이란 내적인 집중력과 평정심을 갖고서 사물과 인간에 대해 거리를 두는 것을 말한다. 정치가가 자신을 과시하고 싶은 허영심에 사로잡히면, 자기 행동의 결과에 대한 책임을 가볍게 여기면서 권력의 화려한 겉모습만을 추구할 위험이 있다. 그는 실질적인 목적도 없이 권력 자체를 즐기거나 숭배하게 된다.

그러면 정치와 윤리는 어떤 관계에 있는가? 정치행동은 신념윤리에 따라 행해질 수도 있고 책임윤리에 따라 행해질 수도 있는데, 이 두 태도 사이에는 깊은 대립이 있다. 어떤 훌륭한 목적을 실현하려고 할 때 우리는 윤리적으로 문제 있는 수단을 사용할 수밖에 없거나 또는 나쁜 부수적인 결과가 일어날 가능성도 함께 감수할 수밖에 없는 경우가 흔히 있다. 또한 이 세상의 어떤 윤리도 윤리적으로 좋은 목적이 윤리적으로 의심스러운 수단이나 결과를 얼마나 정당화하는지는 결코 말할 수 없다. 요컨대 선(善)으로부터는 선만이 나오고 악(惡)으로부터는 악만이 나온다는 것은 진실이 아니며, 그 반대가 진실인 경우도 종종 있다. 정치를 직업으로 삼고자 하는 사람은 이러한 윤리적 역설을 의식해야 한다. 그렇지만 베버는 신념윤리와 책임윤리를 절대적으로 대립하는 것으로 보고 어느 한쪽만을 고집하기보다는 그 둘이 합쳐질 때 비로소 "정치에의 소명을 가진 진정한 인간이 탄생한다"고 보았다. 그리하여 그는 다음과 같은 말로 강연을 끝맺었다. "자기가 제공하고자 하는 것에 비해서 세계가 자기 입장에서 볼 때 너무 어리석거나 너무 야비하더라도 이에 좌절하지 않을 것이라고 확신하는 사람, 그 어떤 일에 직면해서도 '그럼에도 불구하고'라고 말할 수 있다고 확신하는 사람, 이런 사람만이 정치에의 '소명'을 갖고 있는 것입니다"(이 책 115쪽).

부록으로는 막스 베버 연구가로 세계적으로 유명한 독일의 사회학자 볼프강 슐룩터(Wolfgang Schluchter)의 논문 〈가치자유와 책임윤리: 막스 베버에게서의 학문과 정치의 관계에 대하여 (Wertfreiheit und Verantwortungsethik: Zum Verhaltnis von Wissenschaft und Politik bei Max Weber)〉 (*Rationalismus der Weltbeherrschung*, Suhrkamp, Frankfurt am Main, 1980)를 실었다. 이

논문은 베버의 두 강연 즉 〈직업으로서의 학문〉과 〈직업으로서의 정치〉를 별개의 것으로 다루지 않고 하나의 통일체로 이해했다는 점에서 매우 흥미롭다. 오래전에 발표된 글이지만 슐룩터의 분석은 지금도 설득력을 갖고 있어 베버의 사상을 깊이 이해하는 데 도움을 줄 것이다.

2017년 3월

이상률

옮긴이 **이상률**

고려대학교 문과대학 사회학과와 같은 대학원을 졸업하고, 프랑스 니스대학교에서 수학했다. 현재는 번역가로 활동 중이다. 주요 번역서로는 클로드 프레드릭 바스티아의 《국가는 거대한 허구다》, 가브리엘 타르드의 《모방의 법칙》, 《여론과 군중》, 표트르 크로포트킨의 《빵의 쟁취》, 막스 베버의 《도교와 유교》, 《직업으로서의 학문》, 칼 뢰비트의 《베버와 마르크스》, 로제 카이와의 《놀이와 인간》, 데이비드 리스먼의 《고독한 군중》, 세르주 모스코비치의 《군중의 시대》, 피터 L. 버거의 《사회학에의 초대》, 그랜트 매크래켄의 《문화와 소비》 등이 있다.

## 직업으로서의 정치

1판 1쇄 발행 1994년 8월 10일
신장판 5쇄 발행 2024년 7월 10일

지은이 막스 베버 | 옮긴이 이상률
펴낸곳 (주)문예출판사 | 펴낸이 전준배
출판등록 2004. 02. 11. 제 2013-000357호 (1966. 12. 2. 제 1-134호)
주소 04001 서울시 마포구 월드컵북로 21
전화 393-5681 | 팩스 393-5685
홈페이지 www.moonye.com | 블로그 blog.naver.com/imoonye
페이스북 www.facebook.com/moonyepublishing | 이메일 info@moonye.com

ISBN 978-89-310-1045-9 03300

• 잘못 만든 책은 구입하신 서점에서 바꿔드립니다.

문예출판사® 상표등록 제 40-0833187호, 제 41-0200044호